TURAS 1

Gaeilge na Sraithe Sóisearaí
An Chéad Bhliain

Mo Leabhar Gníomhaíochta

Risteard Mac Liam

FOILSITHE AG:
Educate.ie
Walsh Educational Books Ltd
Oileán Ciarraí
Co. Chiarraí
www.educate.ie

ARNA CHLÓ AGUS ARNA CHEANGAL AG:
Walsh Colour Print
Oileán Ciarraí
Co. Chiarraí

Tá na foilsitheoirí faoi chomaoin acu siúd a thug cead dúinn grianghraif a atáirgeadh: AF archive/Alamy Stock Photo; Antony SOUTER/Alamy Stock Photo; Bob Pardue – Medical Lifestyle/Alamy Stock Photo; Brendan Moran/SPORTSFILE; David Lyon/Alamy Stock Photo; Hero Images Inc./Alamy Stock Photo; Jim West/Alamy Stock Photo; Jürgen Fälchle/Alamy Stock Photo; markferguson2/Alamy Stock Photo; Paula Solloway/Alamy Stock Photo; Pictorial Press Ltd/Alamy Stock Photo; PhotoAlto/Alamy Stock Photo; Radharc Images/Alamy Stock Photo; Richard Wayman/Alamy Stock Photo; Shutterstock; Stephen Power/Alamy Stock Photo; United Archives GmbH/Alamy Stock Photo.

Cé go ndearnadh gach iarracht dul i dteagmháil leo siúd ar leo an cóipcheart ar ábhair sa téacs seo, theip orainn teacht ar dhaoine áirithe. Is féidir leis na daoine sin dul i dteagmháil le Educate.ie, agus beimid sásta na gnáthshocruithe a dhéanamh leo.

ISBN: 978-1-910936-84-9

Mo Leabhar Gníomhaíochta

Clár Ábhair

Réamhrá

Fáilte chuig do Leabhar Gníomhaíochta. Feicfidh tú sa Leabhar Gníomhaíochta rudaí a d'fhoghlaim tú in *Turas 1*. Tá na caibidlí sa Leabhar Gníomhaíochta bunaithe ar Chaibidil 1 go 7 de do théacsleabhar. Sa Leabhar Gníomhaíochta seo:

- Déanfaidh tú réimse leathan cleachtaí foclóra agus gramadaí. / You will do a wide range of vocabulary and grammar exercises.
- Comhlánóidh tú seicliosta chun measúnú a dhéanamh ar do chuid foghlama. Féach an sampla thíos. / You will complete a checklist in which you assess your learning. Look at the example below.

	Go maith	Measartha	Go dona
Mo Sheomra Ranga	✔		

- Déanfaidh tú nóta de na príomhscileanna a mbaineann tú úsáid astu. / You will make a note of the key skills that you use.
- Forbróidh tú plean gníomhaíochta ar an bhféinmheasúnú a dhéanann tú. / You will develop a plan of action based on your self-assessment.
- Cleachtfaidh tú do scileanna éisteachta i dtrialacha cluaistuisceana atá bunaithe ar gach topaic. / You will practise your listening skills in listening comprehensions based on each topic.
- Beidh fáil agat ar na scripteanna chun cabhrú leat leis na trialacha cluastuisceana. / You will have access to the scripts to help you with the listening comprehensions.

Go n-éirí leat ar do thuras!

Mo Scoil Nua

Clár Ábhair

Cuid 1

Aistrigh na habairtí seo go Béarla.

1. An maith leat Gaeilge?

____

2. Ní maith linn Tíreolaíocht.

____

3. Is aoibhinn leo Staidéar Gnó.

____

4. Chun an fhírinne a rá, ní maith liom Fraincis.

____

Cuid 2

Aistrigh na habairtí seo go Gaeilge.

1. I really like Irish.

____

2. He doesn't like Art.

____

3. We don't like Geography.

____

4. Do they like Maths? They hate Maths!

____

Cuid 3

Tá bearnaí i gclár ama Órla Nic Eoin. Léigh na noda (*clues*) agus líon na bearnaí.

1. Bíonn Stair agam Dé Céadaoin ag a naoi a chlog.
2. Bíonn Mata agam ag a naoi a chlog Dé Luain agus ag a deich chun a deich Dé Máirt.
3. Bíonn Tíreolaíocht agam trí huaire sa tseachtain: Dé Luain agus Dé hAoine ag leathuair tar éis a trí agus Dé Céadaoin ag a deich chun a deich.
4. Bíonn Corpoideachas ar siúl Dé Céadaoin ag a deich chun a dó. Rang dúbailte (*double*) atá ann.
5. Bíonn Adhmadóireacht ar siúl ag a deich chun a dó Dé Máirt. Rang dúbailte atá ann.
6. Bíonn Gaeilge ar siúl roimh an sos beag Dé Máirt, roimh an lón ar an Déardaoin agus tar éis am lóin Dé hAoine.

Clár ama Órla Nic Eoin					
	Dé Luain	**Dé Máirt**	**Dé Céadaoin**	**Déardaoin**	**Dé hAoine**
09:00		Staidéar Gnó		Creideamh	Ealaín
09:50	Gaeilge			Creideamh	Ealaín
10:40	OSSP		Mata	Béarla	Béarla
11:30	Sos beag	Sos beag	Sos beag	Sos beag	Sos beag
11:40	Eolaíocht	OSSP	Gaeilge	Béarla	Mata
12:30	Eolaíocht	Creideamh	Spáinnis		Staidéar Gnó
13:20	Lón	Lón	Lón	Lón	Lón
13:50	Stair			Spáinnis	
14:40	Spáinnis			Eolaíocht	Stair
15:30		Béarla	Béarla	Staidéar Gnó	

Cuid 4

Freagair na ceisteanna faoi chlár ama Órla.

1. Cén t-am a thosaíonn an lá scoile?

____

2. Cén t-ábhar a bhíonn ar siúl tar éis am lóin Dé Luain?

____

3. Cad é an rang deireanach Dé Máirt agus Dé Céadaoin?

____

4. Cén t-am a chríochnaíonn an lá scoile, meas tú (*in your opinion*)?

____

Cuid 5

Tá na habairtí seo san ord mícheart. Athscríobh san ord ceart iad.

1. Críochnaíonn an lá scoile ag leathuair tar éis a trí.
2. Éirim ag a hocht a chlog.
3. Téim abhaile ag a cúig a chlog.
4. Tosaíonn an chéad rang ag ceathrú chun a naoi.
5. Siúlaim ar scoil. Sroichim an scoil ag a fiche chun a hocht.

GRAMADACH

Gramadach 1

Tá na liostaí seo san ord mícheart. Athscríobh san ord ceart iad.

1. liom, leat, leo, libh, linn, léi, leis

____

2. dom, duit, di, dó, dóibh, daoibh, dúinn

____

Gramadach 2

Líon na bearnaí.

leat	linn	daoibh	libh	liom	duit	dom

1. Cad is ainm ____________? June is ainm ____________.
2. Inis dom, a chailíní, an maith ____________ an scoil seo? Ó, is breá ____________ í!
3. An dtaitníonn an Béarla ____________, a Phádraic? Ní maith ____________ é!
4. A bhuachaillí, an bhfuil an cheist seo deacair ____________?

Gramadach 3

Athscríobh na habairtí seo a leanas.

1. Bheannaigh an múinteoir [do: muid] ____________ inné.
2. D'inis an múinteoir a hainm [do: muid] ____________.
3. Dúirt sí, 'Inis [do: mé] ____________, an maith [le: sibh] ____________ Mata?'
4. Dúramar, 'Is gráin [le: muid] ____________ Mata!'
5. 'Bhuel,' a dúirt sí, 'ní maith [le: mé] ____________ é ach oiread.'

Gramadach 4

Líon na bearnaí.

bhfuil	tá	mar	go

1. Is breá liom Béarla __________ tá sé suimiúil.
2. Is aoibhinn liom Creideamh mar __________ bhfuil sé taitneamhach.
3. Ní maith leis Fraincis toisc go __________ sí casta.
4. Is í Adhmadóireacht an t-ábhar is fearr liom mar __________ sí an-phraiticiúil.

Cuid 6

Léigh faoi scoil Daniel agus freagair na ceisteanna.

Bail ó Dhia ort! Is mise Daniel. Táim sa chéad bhliain ar scoil. Tá an scoil seo ollmhór. Tá ochtó múinteoir agus ocht gcéad dalta anseo. Tá go leor áiseanna i mo scoil.

Taobh istigh, tá halla spóirt amháin, dhá cheaintín, trí sheomra ealaíne, ceithre shaotharlann agus cúig sheomra ríomhaireachta! Taobh amuigh, tá cúirt liathróid láimhe (*handball alley*) amháin, dhá pháirc imeartha, trí chúirt chispheile agus ceithre chúirt leadóige!

1. Cén bhliain ina bhfuil Daniel?

   ____

2. Cé mhéad múinteoir atá sa scoil?

   ____

3. Cé mhéad dalta atá sa scoil?

   ____

4. Cé mhéad ceaintín atá sa scoil?

   ____

5. Cé mhéad seomra ríomhaireachta atá sa scoil?

   ____

6. Cé mhéad páirc imeartha atá sa scoil?

   ____

Cuid 7

Meaitseáil na héadaí scoile leis na pictiúir.

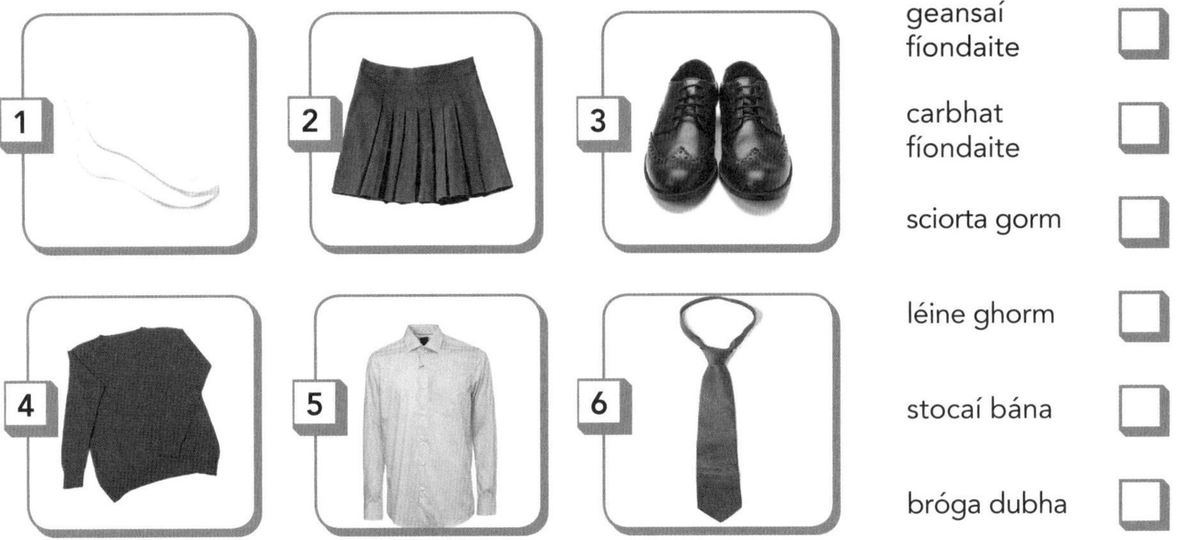

Cuid 8

Líon na bearnaí.

bríste	bróga	ghorm	caithim	scoile	Ní

Cén scéal? Is mise Breandán. Tá m'éide ____________ compordach. ____________ geansaí dúghorm, ____________ liath agus léine ____________. Caithim ____________ dubha freisin. ____________ chaithim carbhat ná bléasar, buíochas le Dia!

Cuid 9

Líon na bearnaí.

obair bhaile	tá cosc ar	níl cosc ar	fháinní cluaise	cosúil le	rialacha

Tá a lán ____________ i mo scoil, ____________ gach scoil eile. ____________ an mbulaíocht, ar ndóigh. Tá cosc ar an smideadh agus ar ____________. Tá cosc ar bhróga spóirt freisin. ____________ fhóin phóca sa scoil, buíochas le Dia! Ar ndóigh, caithfimid ár gcuid ____________ a dhéanamh gach tráthnóna.

Cuid 10

Cuardach focal

Déan an cuardach focal.

Mo Scoil Nua

```
P O B A L S C O I L E I P L E Z P H G Q
F J S Z B E R Í O M H A I R E L S O F W
E W B R E R V M T W D N B N C B X S Z K
T E Y Q O T S Q I R J U Q Q K Z T Q F L
Q D R D O U A U C A M F C E X P F J N O
U A E V K G O Q V V G B D P V P R M Q L
X V V R F V T I N B U A I F I O G Z U R
N U C H I E H P H N L R H A H X J Z D R
W Y H W R O A S X E H O R D E P L J O J
K Y B H C O R P O I D E A C H A S O L J
F V G Q P K L K R L Y Z T J N R Q G V F
G R C D H Á A J H Z D H V Q Z W D O E S
I L Y J N B N F P T P F S J W P E Z K F
Y A K D S H N V C E A I N T Í N A Y X Y
R S B D A A U H B U B Z E K I F S A Y O
Z X O N Q R Q T S G W O P K S P C G B R
X Z S N P G A E I L G E E J T Y B Z B Z
B F U T E A N G A C H A F M N E K C M F
S T B V H Z A G W B Z P Y T V I Q Y S H
G W B E S Q T A I T N E A M H A C H V Y
```

Gaeilge

deasc

Corpoideachas

pobalscoil

ríomhaire

ábhar

taitneamhach

teangacha

saotharlann

ceaintín

Cuid 11

Léigh faoi scoileanna Labhaoise agus Lionard agus freagair na ceisteanna.

Dia dhaoibh. Is mise Labhaoise. Lionard is ainm do mo dheartháir. Is cúpla muid. Tá mé féin ag freastal ar Choláiste Bríde agus tá Lionard ag freastal ar Choláiste Phroinséis. Tá na scoileanna in aice a chéile agus úsáidimid na háiseanna céanna.

Táim ag déanamh staidéir ar thrí ábhar déag. Déanaim Gaeilge, Béarla, Mata, Stair, Tíreolaíocht, Eolaíocht, Fraincis, Adhmadóireacht, Staidéar Gnó, Creideamh, Corpoideachas, OSSP agus OSPS. Ní dhéanann Lionard Fraincis ná Adhmadóireacht. Déanann sé Spáinnis agus Ealaín.

Is é Mata an t-ábhar is fearr liom mar tá sé dúshlánach. Tá an múinteoir an-suimiúil. Taitníonn Ealaín go mór le Lionard. Tá sé an-chruthaitheach.

Ní maith liom an éide scoile. Caithimid geansaí fíondaite, sciorta fíondaite, agus stocaí fíondaite – uch! Caitheann na buachaillí i gColáiste Phroinséis geansaí glas, léine bhán agus bríste dubh.

Ar an iomlán, taitníonn saol na scoile linn.

1. Cén scoil a bhfuil Labhaoise ag freastal uirthi?

2. Cén scoil a bhfuil Lionard ag freastal uirthi?

3. Déanann Labhaoise dhá ábhar nach ndéanann Lionard. Cad iad?

4. Cén t-ábhar is fearr le Labhaoise? Cén fáth?

5. Cén t-ábhar a thaitníonn le Lionard?

6. Déan cur síos ar éide scoile Lionaird.

7. An dtaitníonn an scoil le Labhaoise agus Lionard?

Féinmheasúnú

Léigh gach topaic sa chéad cholún. An bhfuil tú ag déanamh dul chun cinn? Cuir tic (✓) sa cholún cuí. Tá uimhir an leathanaigh chuí in aice leis an topaic.

Stór focal

féinmheasúnú self-assessment
dul chun cinn progress
sa cholún cuí in the appropriate column

TOPAIC	Lch	Go maith	Measartha	Go dona
FOCLÓIR				
Mo Sheomra Ranga	4			
An Ghaeilge sa Rang	6			
Na hÁbhair Scoile	8			
Tuairimí faoi Ábhair Scoile	10			
An Lá Scoile	12			
Mo Lá Scoile	13			
Áiseanna agus Foirgneamh na Scoile	18			
An Éide Scoile	20			
Rialacha na Scoile	21			
GRAMADACH				
Na Forainmneacha Réamhfhoclacha atá bunaithe ar 'le' agus 'do'	14			
SCRÍOBH				
Alt: Mo Shaol ar Scoil	22			

Na príomhscileanna

Le cabhair ó do mhúinteoir, cuir tic in aice leis na príomhscileanna ar bhain tú úsáid astu i gCaibidil 1.

Na príomhscileanna	Bhain mé úsáid as
A bheith liteartha	
A bheith uimheartha	
Cumarsáid	
A bheith cruthaitheach	
Mé féin a bhainistiú	
Fanacht folláin	
Obair le daoine eile	
Eolas agus smaointeoireacht a bhainistiú	

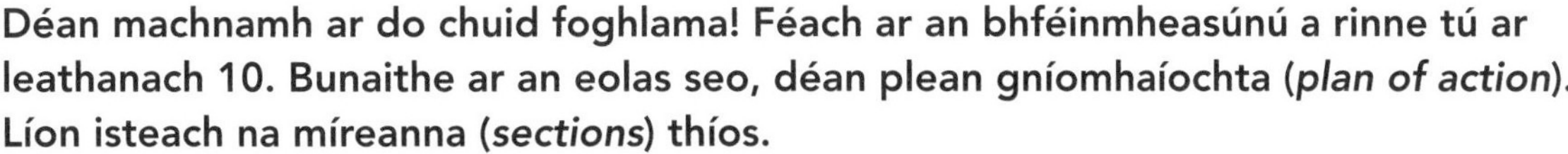

Plean Gníomhaíochta

Déan machnamh ar do chuid foghlama! Féach ar an bhféinmheasúnú a rinne tú ar leathanach 10. Bunaithe ar an eolas seo, déan plean gníomhaíochta (*plan of action*). Líon isteach na míreanna (*sections*) thíos.

Mír 1: Tá eolas maith agam ar na topaicí seo

Mír 2: Tá cleachtadh le déanamh agam ar na topaicí seo

Mír 3: Plean gníomhaíochta

Mar shampla: 'Scríobhfaidh mé focail agus nathanna nua ar chúl mo chóipleabhair.'

Mé Féin, Mo Theaghlach agus Mo Chairde

Clár Ábhair

Cuid 1

Líon na bearnaí.

Ciarraí | bualadh | Cliath | ainm | as

Abdullah Dia dhuit. Deas ____________________ leat. Cad is ainm duit?

Eibhlín Dia 's Muire dhuit. Deas bualadh leat freisin. Eibhlín is ainm dom. Cad is ____________________ duitse?

Abdullah Abdullah is ainm dom. Cad ____________________ tú?

Eibhlín Is as ____________________ mé. Cad as tú féin?

Abdullah Is as Baile Átha ____________________ mé.

Cuid 2

Líon na bearnaí.

fútsa | go raibh maith agat | fheiceáil | go maith | is Muire dhuit

Liulian Dia dhuit, a Stiofáin. Deas thú a ____________________!

Stiofán Dia ____________________, a Liulian. Deas thú a fheiceáil freisin. Cén chaoi a bhfuil tú?

Liulian Táim ____________________, go raibh maith agat. Céard ____________________? Conas atá ag éirí leat?

Stiofán Tá ag éirí go maith liom, ____.

Cuid 3

Líon na bearnaí.

daoibh	deas bualadh libh	chailíní	orm	Is as

Múinteoir	Cé na hainmneacha atá oraibh, a ___________________?
Emer	Emer Nic Gearailt an t-ainm atá ___________________.
Órfhlaith	Órfhlaith Ní Ghallchóir an t-ainm atá orm.
Múinteoir	Cad as ___________________?
Emer	Is as Anagaire domhsa *(domsa).*
Órfhlaith	___________________ Gaoth Dobhair domhsa.
Múinteoir	Bhuel, _________________________________, a chailíní.

Cuid 4

Líon na bearnaí.

caill	conas	anseo	Dia	fheiceáil

Aintín Bernadette	A Mharcais, a chroí, ___________________ atá cúrsaí?
	Deas thú a ___________________ arís!
Marcas	___________________ is Muire dhuit, a Aintín Bernadette.
	Níl ___________________ orm , go raibh maith agat.
Aintín Bernadette	Tar ___________________ agus tabhair dom barróg!

Mé Féin, Mo Theaghlach agus Mo Chairde

Cuid 5

Tá dhá litir (*two letters*) i ngach focal measctha suas (*mixed up*). Ceartaigh na botúin.

Cad is brí leis na focail?

Botún	**Leagan ceart**	**Brí**
cahbrach	cabhrach	helpful
ciardiúil		
cilste		
cnaesta		
dílsi		
fail		
fiunniúil		
foihgneach		
greannhmar		
spórtiúl		

Cuid 6

Scríobh an dath ceart.

liath	bándearg	donn	bánbhuí	bán	gorm
oráiste	dearg	corcra	buí	glas	dubh

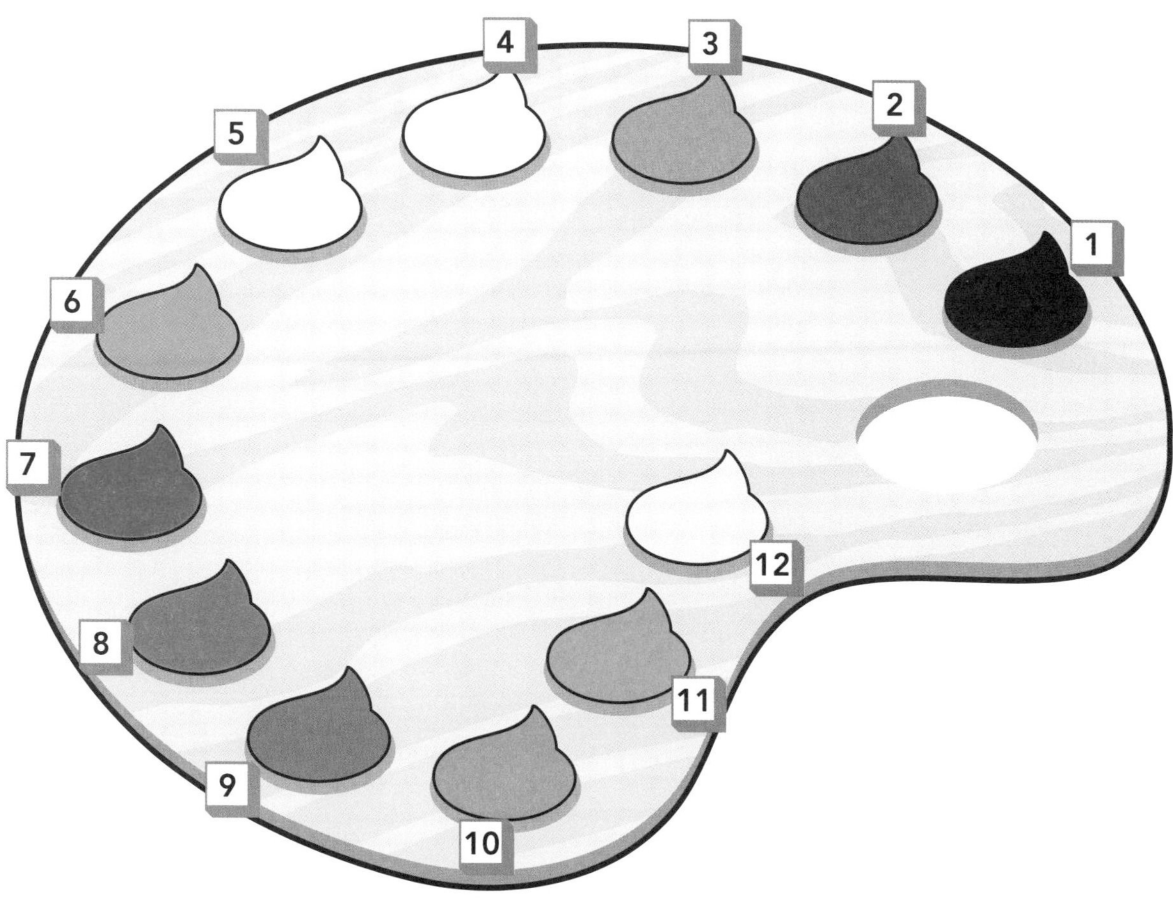

1 = ____________________

2 = ____________________

3 = ____________________

4 = ____________________

5 = ____________________

6 = ____________________

7 = ____________________

8 = ____________________

9 = ____________________

10 = ____________________

11 = ____________________

12 = ____________________

Cuid 7

Cén stíl ghruaige atá orthu? Bain úsáid as na focail sa ghreille.

gruaig dhíreach rua	gruaig chatach dhubh
gruaig fhada liath	gruaig ghliobach fhionn

1. Tá ______ ______ ______ uirthi.
2. Tá ______ ______ ______ air.
3. Tá ______ ______ ______ air.
4. Tá ______ ______ ______ uirthi.

Cuid 8

Cén cineál súl atá acu? Bain úsáid as na focail sa ghreille.

súile dorcha donna	súile móra cnódhonna (*hazel*)
súile beaga gorma	súile geala glasa

1. Tá ______ ______ ______ aici.
2. Tá ______ ______ ______ aige.
3. Tá ______ ______ ______ aici.
4. Tá ______ ______ ______ aige.

Cuid 9

Léamhthuiscint

Léigh an píosa seo faoi theaghlach Áine agus freagair na ceisteanna a ghabhann leis.

Bail ó Dhia oraibh. Is mise Áine. Is as an Longfort mé. Tá dáréag (12) i mo theaghlach, creid é nó ná creid.

Tá mo thuismitheoirí grámhar agus greannmhar. Tá mo Dhaid caoga bliain d'aois agus mo mháthair naoi mbliana is daichead d'aois.

Tá mo shiblíní ar fad an-chineálta agus an-chabhrach. Tá cúigear deartháireacha agus ceathrar deirfiúracha agam.

Réitím go han-mhaith le gach duine i mo theaghlach.

Meaitseáil na ceisteanna leis na freagraí.

1	Cárb as Áine?	A	Tá siad cineálta agus cabhrach.
2	Cén sórt daoine iad a tuismitheoirí?	B	Is as an Longfort í.
3	Cén sórt daoine iad a siblíní?	C	Tá naonúr siblíní aici – cúigear deartháireacha agus ceathrar deirfiúracha.
4	Cé mhéad siblín atá aici?	D	Tá siad grámhar agus greannmhar.

1 = ____ 2 = ____ 3 = ____ 4 = ____

Cuid 10

Léamhthuiscint

Léigh an píosa seo faoi theaghlach Dheiric agus freagair na ceisteanna a ghabhann leis.

Bail ó Dhia oraibh. Is mise Deiric. Is as Liatroim mé. Tá ceathrar i mo theaghlach – mo Mham, mo Dhaid, mo dheartháir mór agus mé féin. Tá mo dheartháir cneasta agus fuinniúil.

Níl mo dheartháir ina chónaí linn a thuilleadh – tá sé ina chónaí i Ros Comáin anois lena bhean chéile. Siobhán an t-ainm atá uirthi. Tá triúr páistí acu. Tá mac amháin agus beirt iníonacha acu. Is cúpla iad na hiníonacha.

1. Cárb as Deiric?

2. Cé mhéad duine atá ina theaghlach?

3. Cén sórt duine é a dheartháir?

4. Cá bhfuil a dheartháir ina chónaí?

5. Cén t-ainm atá ar bhean chéile a dhearthár?

6. Cé mhéad páiste atá acu?

Cuid 11

Scríobh na haoiseanna. Tá sampla déanta duit.

Cúig bliana d'aois	5
Dhá bhliain déag d'aois	
Fiche bliain d'aois	
Ceithre bliana is tríocha d'aois	
Sé bliana is daichead d'aois	
Ocht mbliana is caoga d'aois	
Seacht mbliana is seasca d'aois	
Seachtó bliain d'aois	
Ocht mbliana agus ochtó d'aois	
Trí bliana is nócha d'aois	

Cuid 12

Cén aois iad na daoine seo?

1. Rugadh m'aintín ar 12 Deireadh Fómhair 1987.

   ____

2. Rugadh mo dheirfiúr óg ar 20 Nollaig 2015.

   ____

3. Rugadh mo sheanmháthair ar 1 Eanáir 1961.

   ____

4. Rugadh mo neacht ar 31 Iúil 2012.

   ____

5. Rugadh bean chéile mo dhearthár ar 6 Márta 1990.

   ____

GRAMADACH

Gramadach 1

Tá na liostaí seo san ord mícheart. Athscríobh san ord ceart iad

1. agam, acu, agat, agaibh, againn, aici, aige

____

2. orm, air, ort, uirthi, orainn, orthu, oraibh

____

Gramadach 2

Líon na bearnaí.

1. A bhuachaillí, cé na hainmneacha atá [ar: sibh] __________? John agus Edward na hainmneacha atá [ar: muid] __________.
2. A chailíní, cén dath súl atá [ag: sibh] __________ beirt? Tá súile glasa [ag: muid] __________.
3. A chailíní, cén stíl gruaige atá [ag: sibh] __________? Tá gruaig álainn fhionn [ar: muid] __________.
4. Tá brón [ar: mé] __________, an bhfuil cead [ag: mé] __________ dul go dtí an leithreas?

Gramadach 3

Athraigh na focail idir lúibíní más gá.

1. Cá bhfuil na málaí? Níl a fhios [ag: mé] __________.
2. Tá gruaig rua [ar: í] __________ agus tá súile gorma [ag: í] __________.
3. Cén t-ainm atá [ar: iad] __________?
4. An bhfuil peann dearg [ag: Máire] __________?
5. An bhfuil gruaig dhonn [ar: Barra] __________? Níl aon ghruaig [ar: é] __________!

Gramadach 4

Líon na bearnaí.

Sampla	Tá Clár éirimiúil.	Is bean éirimiúil í Clár.
1	Tá Mícheál séimh.	Is fear __________ é Mícheál.
2	Tá Aoibh spórtúil.	Is bean spórtúil í __________.
3	Tá Órla réchúiseach.	Is cailín __________ __________ í Órla.
4	Tá Liam fial.	Is buachaill __________ é Liam.
5	Tá Kelvin fuinniúil.	Is fear __________ é Kelvin.

Gramadach 5

Athraigh na focail idir lúibíní más gá.

1. Tá [ár: aintín] __________ __________ réchúiseach.
2. Deir sé go bhfuil [a: deartháir] __________ __________ Seán an-fhial.
3. An bhfaca aon duine [mo: fillteán] __________ __________?
4. Chonaic siad [a: aintíní] __________ __________ agus [a: uncailí] __________ __________ ag an gcóisir.

Cuid 13

Cuardach focal

Déan an cuardach focal.

Mé Féin, Mo Theaghlach agus Mo Chairde

H	T	S	E	L	X	T	J	X	A	T	C	T	M	M	M	V	U	Q	B
X	E	D	X	V	T	T	S	E	U	G	V	K	U	W	K	I	L	E	X
N	A	H	Y	C	A	V	U	B	N	T	F	Q	G	L	O	Z	L	C	L
A	G	W	A	M	F	N	H	U	H	K	O	B	V	Y	N	T	Q	Z	G
B	H	W	B	V	D	C	W	Y	N	P	O	Z	C	M	A	O	L	R	D
O	L	K	Q	U	X	T	K	C	V	Y	V	J	C	V	N	W	T	X	Y
N	A	E	G	J	U	W	F	K	N	C	L	S	Z	X	L	L	G	G	A
C	C	Q	Z	F	P	X	Z	D	X	Z	Q	Q	J	Y	G	Ú	U	P	U
U	H	F	O	I	G	H	N	E	A	C	H	J	V	O	T	N	T	C	H
O	F	E	Y	E	Y	N	D	Y	L	P	E	R	S	P	U	A	R	U	O
Z	J	C	N	U	O	O	C	A	X	W	O	S	C	D	B	S	F	W	E
A	D	G	M	Í	J	J	J	R	J	K	Q	P	M	Z	E	A	D	F	A
F	L	D	N	H	X	D	C	A	T	J	S	M	R	A	X	X	D	I	K
J	E	I	T	B	J	N	X	Q	J	I	B	X	Z	É	V	K	H	H	Z
N	P	M	N	L	A	N	M	G	Z	D	X	P	U	X	A	I	L	R	N
F	S	L	F	A	I	S	E	A	N	T	A	O	C	Y	U	L	D	Q	D
F	B	N	P	G	R	E	A	N	N	M	H	A	R	W	B	C	T	I	T
K	Q	D	Z	K	P	G	C	O	R	C	R	A	P	Y	U	P	D	A	A
P	M	X	A	A	W	S	H	D	O	Z	C	Z	L	Q	T	Q	P	S	K
L	Q	X	T	B	M	G	C	Ó	D	Ó	I	R	Í	I	J	X	W	O	N

corcra

Lúnasa

teaghlach

popréalta

greannmhar

faiseanta

códóirí

foighneach

maol

iníon

Cuid 14

Chuir triúr daoine óga isteach ar chomórtas tallainne (*talent competition*). Féach ar na foirmeacha iarratais agus scríobh alt gearr faoi gach duine acu. Tá an chéad cheann déanta duit.

Ainm:	Mairéad Ní Chionnaith
Seoladh:	341 Bóthar Chanel, Baile Átha Cliath 5
Aois:	13
Ríomhphost:	amhranai-iontach@gaeilgemail.com
Uimhir fóin:	089 987 6000
Cineál gruaige:	Fada, díreach, donn
Cineál súl:	Donn, mistéireach
Cineál gutha:	Séimh, mistéireach
An réalta cheoil is fearr leat:	Adele

Mairéad Ní Chionnaith is ainm di. Tá sí ina cónaí i 341 Bóthar Chanel, Baile Átha Cliath 5. Tá sí trí bliana déag d'aois. Is é amhranai-iontach@gaeilgemail.com a ríomhphost. Is é 089 987 6 a huimhir fóin. Tá gruaig fhada dhíreach dhonn uirthi. Tá súile donna mistéireacha aici. Tá guth séimh mistéireach aici. Is í Adele an réalta cheoil is fearr léi.

Ainm:	Píus de Páiris
Seoladh:	An Teach Mór, Co. na Gaillimhe
Aois:	15
Ríomhphost:	pdp@piusmail.com
Uimhir fóin:	091 221 000
Cineál gruaige:	Gearr, néata, rua
Cineál súl:	Geal, gorm
Cineál gutha:	Domhain
An réalta cheoil is fearr leat:	Johnny Cash

Ainm	Jenny agus Benny (cúpla)
Seoladh:	777 Bóthar na bhFál, California, Meiriceá
Aois:	16
Ríomhphost:	jennybenny@americamail.com
Uimhir fóin:	+1 310 825 04321
Cineál gruaige:	Fada, fionn (Jenny); Gearr, spíceach (Benny)
Cineál súl:	Geal, glas (Jenny agus Benny)
Cineál gutha:	Binn (Jenny agus Benny)
An réalta cheoil is fearr leat:	Jedward

Féinmheasúnú

Léigh gach topaic sa chéad cholún. An bhfuil tú ag déanamh dul chun cinn? Cuir tic (✓) sa cholún cuí. Tá uimhir an leathanaigh chuí in aice leis an topaic.

TOPAIC	Lch	Go maith ☺	Measartha 😐	Go dona ☹
FOCLÓIR				
An Ghaeilge sa Rang	32			
Déan Cur Síos Ort Féin	34			
Mo Theaghlach	36			
Míonna, Aoiseanna agus na hUimhreacha Pearsanta	38			
GRAMADACH				
Na Forainmneacha Réamhfhoclacha atá bunaithe ar 'ar' agus 'ag'	42			
An Aidiacht Shealbhach	46			
SCRÍOBH				
Ag Cur Isteach ar Chomórtas	52			

Na príomhscileanna

Le cabhair ó do mhúinteoir, cuir tic in aice leis na príomhscileanna ar bhain tú úsáid astu i gCaibidil 2.

Na príomhscileanna	Bhain mé úsáid as
A bheith liteartha	
A bheith uimheartha	
Cumarsáid	
A bheith cruthaitheach	
Mé féin a bhainistiú	
Fanacht folláin	
Obair le daoine eile	
Eolas agus smaointeoireacht a bhainistiú	

Plean Gníomhaíochta

Déan machnamh ar do chuid foghlama! Féach ar an bhféinmheasúnú a rinne tú ar leathanach 24. Bunaithe ar an eolas seo, déan plean gníomhaíochta. Líon isteach na míreanna thíos.

Mír 1: Tá eolas maith agam ar na topaicí seo

Mír 2: Tá cleachtadh le déanamh agam ar na topaicí seo

Mír 3: Plean gníomhaíochta

Mar shampla: 'Scríobhfaidh mé nathanna nua ar chúl mo chóipleabhair agus cleachtfaidh mé iad gach dara lá.'

M'Áit Chónaithe

Clár Ábhair

Cuid 1

Meaitseáil an Ghaeilge leis an mBéarla.

1	teach scoite	A	farmhouse
2	teach leathscoite	B	palace
3	teach cúinne	C	mansion
4	teach sraithe	D	two storeys
5	árasán	E	three-storey house
6	pálás	F	apartment
7	teach tuaithe	G	bungalow
8	teach feirme	H	country house
9	bungaló	I	detached house
10	teach trí stór	J	corner house
11	dhá urlár	K	semi-detached house
12	teach mór millteach	L	terraced house

1 = ____ 2 = ____ 3 = ____ 4 = ____ 5 = ____ 6 = ____

7 = ____ 8 = ____ 9 = ____ 10 = ____ 11 = ____ 12 = ____

Cuid 2

Líon na bearnaí.

dhá stór	creid	cá bhfuil	feirm bheag	na cathrach	cén sórt

Dovydas ________________ tú i do chónaí, a Shorcha?

Sorcha Táim i mo chónaí i lár ________________, creid é nó ná ________.

Dovydas ________________ tí atá agaibh?

Sorcha Tá árasán againn – árasán ________________. Is aoibhinn liom é. Céard fútsa?

Dovydas Tá mise i mo chónaí faoin tuath i dteach beag feirme. Tá ________________ againn. Bíonn sé ciúin san oíche.

Cuid 3

Líon na bearnaí.

ar imeall	tí	fútsa	is aoibhinn	leathscoite

Amanda Cén sórt ________________ atá agat, a Shomhairle?

Somhairle Tá cónaí orm i dteach ________________. Tá sé suite in eastát tithíochta. Céard ________________, a Amanda?

Amanda Tá cónaí orm i dteach sraithe. Tá sé suite ________________ na cathrach.

Somhairle An maith leat é?

Amanda ________________ liom é. Tá an ceantar go deas beomhar.

Cuid 4

Líon na bearnaí.

sórt tí	i do chónaí	go hálainn	na farraige

Múinteoir Cá bhfuil tú ________________, a Ashton?

Ashton Táim i mo chónaí in aice ________________.

Múinteoir Cén ________________ atá agaibh?

Ashton Tá teach trá againn. Tá sé ________________.

M'Áit Chónaithe

Cuid 5

Meaitseáil an Ghaeilge leis an mBéarla.

1	cistin	A	sitting room
2	halla	B	downstairs
3	leithreas	C	dining room
4	seomra folctha	D	kitchen
5	seomra bia	E	bedroom
6	seomra leapa	F	toilet
7	seomra suí	G	bathroom
8	oifig	H	hall
9	thuas staighre	I	office
10	thíos staighre	J	upstairs

1 = ____ 2 = ____ 3 = ____ 4 = ____ 5 = ____

6 = ____ 7 = ____ 8 = ____ 9 = ____ 10 = ____

Cuid 6

Freagair na ceisteanna.

1. Cé mhéad seomra atá i do theach nó i d'árasán?

____

2. Cé mhéad seomra leapa atá i do theach nó i d'árasán?

____

3. Céard iad na seomraí eile atá i do theach nó i d'árasán?

____

____

4. An bhfuil gairdín agaibh?

____

Cuid 7

Cén Ghaeilge atá ar na focail seo?

upstairs		downstairs	
mansion		tree house	
doorbell		swimming pool	
modern		playroom	

Cuid 8

Léamhthuiscint

Léigh an píosa seo faoi árasán Julie agus freagair na ceisteanna a ghabhann leis.

Haigh. Is mise Julie. Táim i mo chónaí in árasán i gCathair Luimnigh. Árasán mór nua-aimseartha atá ann. Tá trí sheomra leapa, dhá sheomra folctha, seomra suí agus cistin ann. Tá go leor comharsana cairdiúla againn sa bhloc árasán – comharsana as an Eoraip, as an Afraic agus as an Áise. Is breá liom iad go léir.

Faraor, bíonn na comharsana ar an tríú hurlár an-challánach! Bíonn na leanaí ag caoineadh agus na madraí ag tafann agus na páistí ag argóint agus na tuismitheoirí ag screadach!

1. Cá bhfuil Julie ina cónaí?

   ___

2. Cén sórt árasáin atá ann?

   ___

3. Cé mhéad seomra leapa atá san árasán?

   ___

4. Cad as do na comharsana?

   ___

5. Luaigh dhá phointe eolais faoi na comharsana ar an tríú hurlár.

   ___

   ___

GRAMADACH

Gramadach 1

Ceart nó mícheart?

	Ceart/Mícheart?	**An leagan ceart, más gá**
caipall	Mícheart	capall
eilifint	Ceart	✓
caimall		
sioráf		
asal		
soinnach		
madra		
moncí		

Gramadach 2

Scríobh an aimsir chuí in aice leis an dobhriathar ama.

Dobhriathar ama	**An Aimsir Chaite/An Aimsir Láithreach/An Aimsir Fháistineach**
inné	An Aimsir Chaite
amárach	
gach lá	
an bhliain seo chugainn	
anuraidh	
fadó	

Gramadach 3

Scríobh an bhrí agus an réimniú cuí in aice leis an mbriathar.

Briathar	**Brí**	**An chéad réimniú/an dara réimniú/ na briathra neamhrialta**
líon	fill	an chéad réimniú
ceannaigh	buy	an dara réimniú
déan	make/do	na briathra neamhrialta
buail		
fan		
éirigh		
bí		
scríobh		
tosaigh		
faigh		

Cuid 9

Cá mbeadh na hearraí seo le fáil?

Scríobh an bhrí agus an seomra cuí in aice leis na hearraí teaghlaigh.

Earra teaghlaigh	Brí	An seomra
tolg	sofa	an seomra suí
leaba dhúbailte	double bed	an seomra leapa
bord caife		
tinteán		
leithreas		
cithfholcadán		
folcadán		
vardrús		
citeal		
sceana agus foirc		
cuisneoir-reoiteoir		
matal		

Cuid 10

Scríobh an focal Gaeilge faoi na pictiúir.

pota tae | sorn | uibheacha | slisín tósta | ispíní | cartán bainne | babhla leite | babhla siúcra

1 ______

2 ______

3 ______

4 ______

5 
______

6 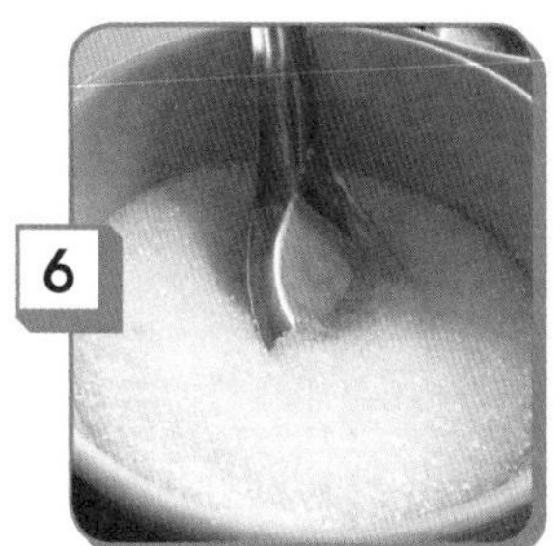
______

7 
______

8 
______

Cuid 11

Léamhthuiscint

Léigh an píosa seo agus freagair na ceisteanna a ghabhann leis.

Bail ó Dhia oraibh. Odhrán an t-ainm atá orm agus tá mé i mo chónaí i Maigh Eo. Tá mé i mo chónaí i dteach scoite ar an bpríomhbhóthar idir Caisleán an Bharraigh agus Cathair na Mart.

Tá naoi seomra sa teach. Thuas staighre, tá trí sheomra leapa, dhá sheomra folctha agus oifig bheag. Thíos staighre, tá seomra suí, cistin ollmhór agus seomra fóntais. Tá gairdín againn agus tá teachín crainn ann freisin.

Is í an chistin an seomra is fearr liom. Tá cócaireán mór ann, chomh maith le gríoscán George Foreman.

Is aoibhinn liom bricfeasta traidisiúnta ar an Domhnach. Ithim ispíní, bagún, uibheacha agus tósta. Ólaim sú oráiste agus cupán tae.

1. Cén contae a bhfuil Odhrán ina chónaí ann?

   ____

2. Cé mhéad seomra atá thuas staighre?

   ____

   ____

3. Cad atá sa ghairdín?

   ____

4. Ainmnigh rud amháin atá sa chistin.

   ____

5. Cad a itheann sé ar an Domhnach?

   ____

   ____

Cuid 12

Cuardach focal

Déan an cuardach focal.

M'Áit Chónaithe

M	L	N	G	H	F	L	Y	J	A	Q	P	Y	P	A	Y	H	E	F	X
Y	J	Z	P	T	H	O	T	Y	E	S	S	C	N	B	J	B	G	W	F
A	V	C	Z	F	C	I	Z	A	Y	P	H	Z	M	H	V	F	V	N	E
C	C	A	N	N	O	V	I	T	V	G	M	T	A	B	T	C	T	T	T
T	A	E	S	X	R	F	Y	V	T	B	A	L	C	Ó	I	N	I	I	I
U	I	I	N	F	V	T	F	D	U	P	O	P	Q	Z	C	U	S	R	B
V	S	H	Y	R	Q	I	C	S	I	Y	M	N	C	W	S	N	H	U	H
Q	L	Y	K	P	V	G	Q	O	P	P	F	G	P	M	N	A	T	S	I
D	E	I	W	J	B	A	J	I	M	X	D	Z	O	A	V	S	L	T	K
K	Á	M	B	V	E	I	R	X	J	H	H	I	L	W	B	I	E	A	O
V	N	R	X	A	A	R	S	A	E	I	A	R	A	N	J	Y	A	N	Y
O	C	H	X	Z	S	D	O	I	I	J	A	R	V	W	O	O	T	Y	F
C	V	A	D	S	T	Í	H	T	M	H	K	G	S	R	Y	S	H	P	W
A	Z	P	G	M	Á	N	J	Y	B	L	R	S	K	A	E	C	S	X	G
S	M	X	R	R	T	R	M	A	J	R	É	L	K	F	N	H	C	W	B
F	C	M	D	P	P	V	E	T	R	J	G	A	C	H	Z	A	O	R	M
B	G	I	I	S	O	L	K	V	E	I	D	Y	R	P	B	F	I	L	P
Q	L	N	M	X	K	Y	F	A	R	R	A	I	G	E	V	W	T	L	R
S	E	D	P	B	O	X	U	O	J	I	S	L	G	W	M	M	E	K	Q
C	G	Z	P	R	M	Z	R	L	I	O	F	U	L	Q	Q	L	K	S	Q

balcóin

eastát

gairdín

farraige

leathscoite

leabharlann

simléar

caisleán

suite

comharsana

Féinmheasúnú

Léigh gach topaic sa chéad cholún. An bhfuil tú ag déanamh dul chun cinn? Cuir tic (✓) sa cholún cuí. Tá uimhir an leathanaigh chuí in aice leis an topaic.

TOPAIC	Lch	Go maith ☺	Measartha 😐	Go dona ☹
FOCLÓIR				
An Áit a Bhfuil Cónaí Orm	62			
Cá Bhfuil Do Theach Suite?	63			
An Bloc Árasán	64			
An Teach	65			
An Seomra is Fearr Liom	74			
Mo Chistin	76			
GRAMADACH				
Consain Leathana agus Chaola	68			
Briathra: Na hAimsirí	69			
Briathra: Na Réimnithe	70			
SCRÍOBH				
Suirbhé: Cén Áit Chónaithe is Fearr Duitse?	78			
Alt: An Áit a Bhfuil Cónaí Orm	79			

Na príomhscileanna

Le cabhair ó do mhúinteoir, cuir tic in aice leis na príomhscileanna ar bhain tú úsáid astu i gCaibidil 3.

Na príomhscileanna	Bhain mé úsáid as
A bheith liteartha	
A bheith uimheartha	
Cumarsáid	
A bheith cruthaitheach	
Mé féin a bhainistiú	
Fanacht folláin	
Obair le daoine eile	
Eolas agus smaointeoireacht a bhainistiú	

Plean Gníomhaíochta

Déan machnamh ar do chuid foghlama! Féach ar an bhféinmheasúnú a rinne tú ar leathanach 34. Bunaithe ar an eolas seo, déan plean gníomhaíochta. Líon isteach na míreanna thíos.

Mír 1: Tá eolas maith agam ar na topaicí seo

Mír 2: Tá cleachtadh le déanamh agam ar na topaicí seo

Mír 3: Plean gníomhaíochta

Mar shampla: 'Labhróidh mé le cara faoi mo theach agus faoin seomra is fearr liom.'

Mo Cheantar

Clár Ábhair

Cuid 1

Scríobh an Ghaeilge faoi na pictiúir.

ospidéal stáisiún na nGardaí séipéal stáisiún dóiteáin banc
siopa caife club óige oifig an phoist ionad siopadóireachta

____

____

____

____

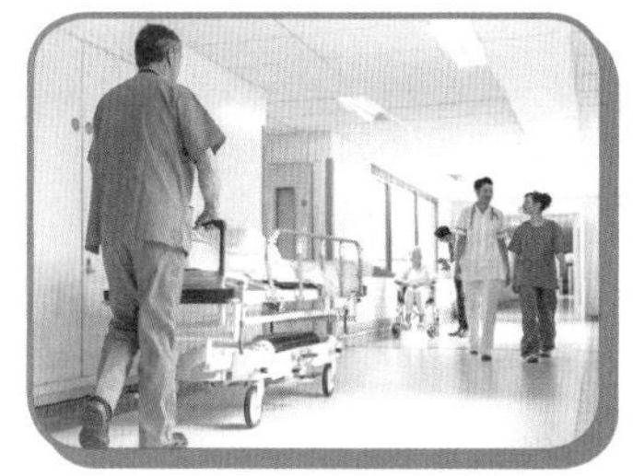

____

____

____

____

____

Cuid 2

Meaitseáil an Ghaeilge leis an mBéarla.

1	idir	A	close to
2	gar do	B	at the edge of
3	os comhair	C	beside
4	ar imeall	D	in front of / opposite
5	in aice le	E	between
6	suas an bóthar ó	F	around the corner from
7	síos an bóthar ó	G	up the road from
8	trasna an bhóthair ó	H	nearby
9	timpeall an chúinne ó	I	across the road from
10	in aice láimhe	J	down the road from

1 = ____ 2 = ____ 3 = ____ 4 = ____ 5 = ____

6 = ____ 7 = ____ 8 = ____ 9 = ____ 10 = ____

Cuid 3

Aistrigh na habairtí seo go Béarla.

1. Tá an t-ospidéal in aice leis an óstán.

____

2. Tá an t-óstán in aice leis an ospidéal.

____

3. Tá an bhialann suas an bóthar ón bpictiúrlann.

____

____

4. Tá an stáisiún dóiteáin ar imeall an bhaile.

____

5. Níl stáisiún na nGardaí in aice láimhe.

____

6. An bhfuil na páirceanna imeartha gar don chlub óige?

____

____

Cuid 4

Aistrigh na habairtí seo go Béarla. Tá ceisteanna 1–6 anseo cosúil le ceisteanna 1–6 i gCuid 3.

1. The coffee shop is beside the hotel.

   ____

2. The hotel is beside the church.

   ____

3. The cinema is up the road from the restaurant.

   ____

4. The playing fields are at the edge of the town.

   ____

5. The post office isn't nearby.

   ____

6. Is the farmers' market close to the (*do na*) playing fields?

   ____

   ____

Cuid 5

Léamhthuiscint

Léigh an píosa seo faoi Mheal Mheiriceá i Minnesota agus freagair na ceisteanna a ghabhann leis.

Tá Meal Mheiriceá (*Mall of America*) suite i Minnesota i Meiriceá. Meal ceithre urlár atá ann. Is é 452,000m^2 achar an mheal! Tá breis is 530 siopa ann.

I measc na siopaí sin tá siopaí caife, siopaí éadaí, siopaí spóirt, siopaí milseán, siopa uachtar reoite agus siopaí guthán.

Chomh maith leis na siopaí, tá óstán, músaem, uisceadán, amharclann agus pictiúrlann. Murar leor sin, tá Nickelodeon Universe®, an pháirc théama, sa mheal siopadóireachta freisin.

1. Cá bhfuil Meal Mheiriceá suite?

   ____

2. Cé mhéad urlár atá ann?

   ____

3. Cad é achar an mheal?

   ____

4. Liostaigh **trí** chineál siopa atá sa mheal siopadóireachta.

   ____

   ____

5. Cad eile atá speisialta faoi Mheal Mheirceá?

   ____

   ____

GRAMADACH

Gramadach 1: An Aimsir Láithreach: Briathra Rialta

Athscríobh na focail idir lúibíní.

1. [Seol: mé] ________________________ cárta Nollag gach bliain.
2. An [fill: sí] ________________________ abhaile gach deireadh seachtaine?
3. Ní [caith: muid] ____________________ airgead ar éadaí faiseanta.
4. An [ól: sibh] ______________________ bainne gabhair?
5. Ní [ól: muid] ______________________ bainne bó.
6. [Tosaigh: sé] ______________________ a chuid obair bhaile ar scoil!
7. An [bailigh: tú] ______________________ airgead do dhaoine bochta?
8. An [críochnaigh: sí] __________________________ a dinnéar gach oíche?
9. [Éirigh: siad] ____________________________ cantalach gach tráthnóna.
10. Ní [éirigh: mé] ________________________ go mbíonn sé amach sa lá.

Gramadach 2: An Aimsir Láithreach: Briathra Neamhrialta

Athscríobh na focail idir lúibíní.

1. An [faigh: tú] ________________________ síob ar scoil gach lá?
2. [Déan: muid] ________________________ na soithí tar éis an dinnéir.
3. Ní [feic: mé] ________________________ cén mhaith a dhéanann sé.
4. Ní [deir: sé] ________________________ os ard é.
5. [Ith: muid] ________________________ bricfeasta sa cheaintín.
6. An [tar: sibh] ________________________ abhaile roimh a sé?
7. An [tabhair: tú] ________________________ cabhair dó?
8. [Clois: siad] ________________________ go leor ráflaí ar scoil.
9. An [bí: sí] ________________________ sásta ar scoil?
10. An [bí: sí] ________________________ buan ar buairt gach lá?

Cuid 6

Líon na bearnaí.

feicfidh	cá	fáilte romhat	mo leithscéal	ar dheis	treoracha

Póilín Gabh ____________________, an féidir leat cabhrú liom? Tá mé ag lorg ____________________.

Maor tráchta scoile Is féidir, cinnte.

Póilín ____________________ bhfuil an séipéal?

Maor tráchta scoile Ó, tá sé an-éasca. Téigh suas an bóthar sin. Cas ____________________ agus siúil díreach ar aghaidh. ____________________ tú spuaic (*spire*) an tséipéil i bhfad uait (*in the distance*).

Póilín Go raibh míle maith agat.

Maor tráchta scoile Tá ____________________.

Cuid 7

Líon na bearnaí.

arís	oifig an phoist	go raibh	an féidir leat	ar dheis

Gearóid Gabh mo leithscéal, ____________________ cabhrú liom? Tá mé ag lorg treoracha.

Tiománaí an bhus Is féidir, cinnte.

Gearóid Cad é an bealach is fearr chuig ____________________?

Tiománaí an bhus Ó, cinnte. Gabh suas Sráid an Teampaill. Cas ____________________ ag na soilse tráchta. Siúil 300m agus ansin cas ar dheis ____________________. Tóg an dara casadh ar chlé agus feicfidh tú oifig an phoist ar do dheis. An dara foirgneamh, sílim.

Gearóid ____________________ míle maith agat.

Tiománaí an bhus Tá fáilte romhat.

Cuid 8

Aistrigh na habairtí seo go Gaeilge.

1. Dear Liam.

   ____

2. I hope that you are in the best of health.

   ____

   ____

3. I'm doing great.

   ____

4. I'm really enjoying the holidays.

   ____

5. I will be back on Saturday.

   ____

6. I will see you at school on Monday.

   ____

Cuid 9

Meaitseáil an Ghaeilge leis an mBéarla.

1	Bíonn an ghrian ag scoilteadh na gcloch gach lá.	A	I have a double bed.
2	Téim ag snámh san fharraige gach lá.	B	I met some new friends here.
3	Tá leaba dhúbailte agam.	C	The sun splits the rocks every day.
4	D'ith mé stéig agus sceallóga inné.	D	I bought a couple of nice presents today.
5	Cheannaigh mé cúpla bronntanas deas inniu.	E	I ate steak and chips yesterday.
6	Bhuail mé le roinnt cairde nua anseo.	F	I go swimming in the sea every day.

1 = ____ 2 = ____ 3 = ____ 4 = ____ 5 = ____ 6 = ____

Cuid 10

Crosfhocal

Déan an crosfhocal. Tá na focail go léir ar leathanach 90 de do théacsleabhar.

Mo Cheantar

Trasna

5. Church (7)
6. Restaurant (7)
8. Market (7)

Síos

1. Hotel (5)
2. Hospital (8)
3. Shop (5)
4. Youth Club (4, 4)
7. Bank (4)

Cuid 11

Léamhthuiscint

Léigh an cárta poist seo agus freagair na ceisteanna a ghabhann leis.

A Shaidhbhín, a chara,

Cén chaoi a bhfuil tú? Tá ag éirí thar cionn liom. Táim ag baint an-taitnimh as an tsaoire i Maracó.

Táimid ag fanacht i Marrakesh. Tá Marrakesh suite i lár Mharacó. Tháinig David agus Victoria Beckham anseo ar saoire cúpla bliain ó shin.

Tá an t-óstán go hálainn. Tá go leor áiseanna san óstán – bialann, seomra cluichí, linn snámha... tá sé an-chompordach.

Tá margadh mór in aice leis an óstán. *Souk Marrakesh* is ainm dó. Is aoibhinn liom an margadh. Tá breis is 500 siopa ann. Ina measc, tá siopaí éadaí, siopaí bróg, siopaí málaí, siopaí guthán, siopaí bia, siopaí spíosraí... is liosta le háireamh é!

Beidh mé ar ais Dé hAoine. An bhfeicfidh mé thú sa chlub óige Dé Sathairn?

Slán go fóill,
Aoileann

Greamaigh stampa anseo

Saidhbhín Ní Shé
Béal Átha Liag
Ros Comáin
Éire

1. Cá bhfuil Aoileann ag fanacht?

2. Cé a chuaigh go Marrakesh cúpla bliain ó shin?

3. Déan cur síos ar an óstán.

4. Cén sórt siopaí atá sa mhargadh *(souk)*?

5. Cathain a bheidh Aoileann ar ais?

Féinmheasúnú

Léigh gach topaic sa chéad cholún. An bhfuil tú ag déanamh dul chun cinn? Cuir tic (✓) sa cholún cuí. Tá uimhir an leathanaigh chuí in aice leis an topaic.

TOPAIC	Lch	Go maith	Measartha	Go dona
FOCLÓIR				
Mo Bhaile Mór	90			
Ag Siopadóireacht i nDún Droma	92			
Ag Siopadóireacht in Dubai	93			
Treoracha san Ionad Siopadóireachta	102			
Treoracha sa Bhaile Mór	103			
GRAMADACH				
An Aimsir Láithreach: Na Briathra Rialta	98			
An Aimsir Láithreach: Na Briathra Neamhrialta	100			
Na Briathra Neamhrialta: Na Foirmeacha	101			
SCRÍOBH				
Cárta Poist	104			
Ríomhphost	106			

Na príomhscileanna

Le cabhair ó do mhúinteoir, cuir tic in aice leis na príomhscileanna ar bhain tú úsáid astu i gCaibidil 4.

Na príomhscileanna	Bhain mé úsáid as
A bheith liteartha	
A bheith uimheartha	
Cumarsáid	
A bheith cruthaitheach	
Mé féin a bhainistiú	
Fanacht folláin	
Obair le daoine eile	
Eolas agus smaointeoireacht a bhainistiú	

Plean Gníomhaíochta

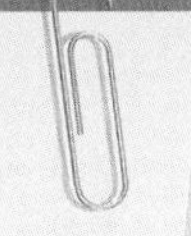

Déan machnamh ar do chuid foghlama! Féach ar an bhféinmheasúnú a rinne tú ar leathanach 46. Bunaithe ar an eolas seo, déan plean gníomhaíochta. Líon isteach na míreanna thíos.

Mír 1: Tá eolas maith agam ar na topaicí seo

Mír 2: Tá cleachtadh le déanamh agam ar na topaicí seo

Mír 3: Plean gníomhaíochta

Mar shampla: 'Scríobhfaidh mé cárta poist amháin gach seachtain.'

Caithimh Aimsire

Clár Ábhair

Cuid 1

Aistrigh go Béarla.

1. Is maith liom a bheith ag imirt cluichí ríomhaire.

____

2. Ní maith le mo Mham a bheith ag damhsa.

____

3. Is fuath lena Daid a bheith ag canadh.

____

4. Is aoibhinn linn a bheith ag iascaireacht.

____

5. Is gráin leo a bheith ag imirt spóirt.

____

6. Is aoibhinn léi a bheith ag seinm an ghiotáir.

____

7. An maith le do dheartháir a bheith ag léamh?

____

8. An maith le do Mham agus do Dhaid a bheith ag éisteacht le rac-cheol?

____

____

Cuid 2

Aistrigh go Gaeilge. Tá ceisteanna 1–8 anseo cosúil le ceisteanna 1–8 i gCuid 1.

1. I like playing sport.

   ____

2. My Dad doesn't like shopping.

   ____

3. Her brother hates running.

   ____

4. We love playing computer games.

   ____

5. She hates shopping.

   ____

6. He loves playing the piano.

   ____

7. Do your friends like reading?

   ____

8. Do your brother and sister like dancing?

   ____

   ____

Cuid 3

Líon na bearnaí.

aoibhinn	bíonn	cluichí ríomhaire	taitneamhach	caitheamh

Lochlainn	Cén ______________ aimsire is fearr leat, a Laoiseach?
Laoiseach	Is aoibhinn liom a bheith ag imirt ______________.
Lochlainn	Cluichí ríomhaire? Cén fáth a dtaitníonn cluichí ríomhaire leat?
Laoiseach	Bhuel, chun an fhírinne a rá, tá siad ______________ agus corraitheach. Céard fútsa?
Lochlainn	Ó, is ______________ liom spórt. Is aoibhinn liom a bheith ag imirt spóirt agus ag féachaint ar spórt.
Laoiseach	Cén fáth?
Lochlainn	Bhuel, uaireanta bíonn sé crua ach ______________ sé taitneamhach freisin.

Caithimh Aimsire

Cuid 4

Líon na bearnaí.

fhírinne	ndáiríre	fáth	ceol	tarraingt

Muanait Cén caitheamh aimsire is fearr leat, a Mhánais?

Mánas Ó, is aoibhinn liom ealaín. Is aoibhinn liom a bheith ag ____________________ pictiúr.

Muanait Cén ____________________ a dtaitníonn ealaín leat?

Mánas Bhuel, chun an ____________________ a rá, ceapaim go bhfuil sé suaimhneach. Céard fútsa? Cén caitheamh aimsire a thaitníonn leat?

Muanait Is aoibhinn liom ____________________. Is breá liom a bheith ag éisteacht le rapcheol.

Mánas Rapcheol? I ____________________?

Muanait Dáiríre. Tá sé beoga agus cruthaitheach.

Cuid 5

Meaitseáil na focail leis na pictiúir.

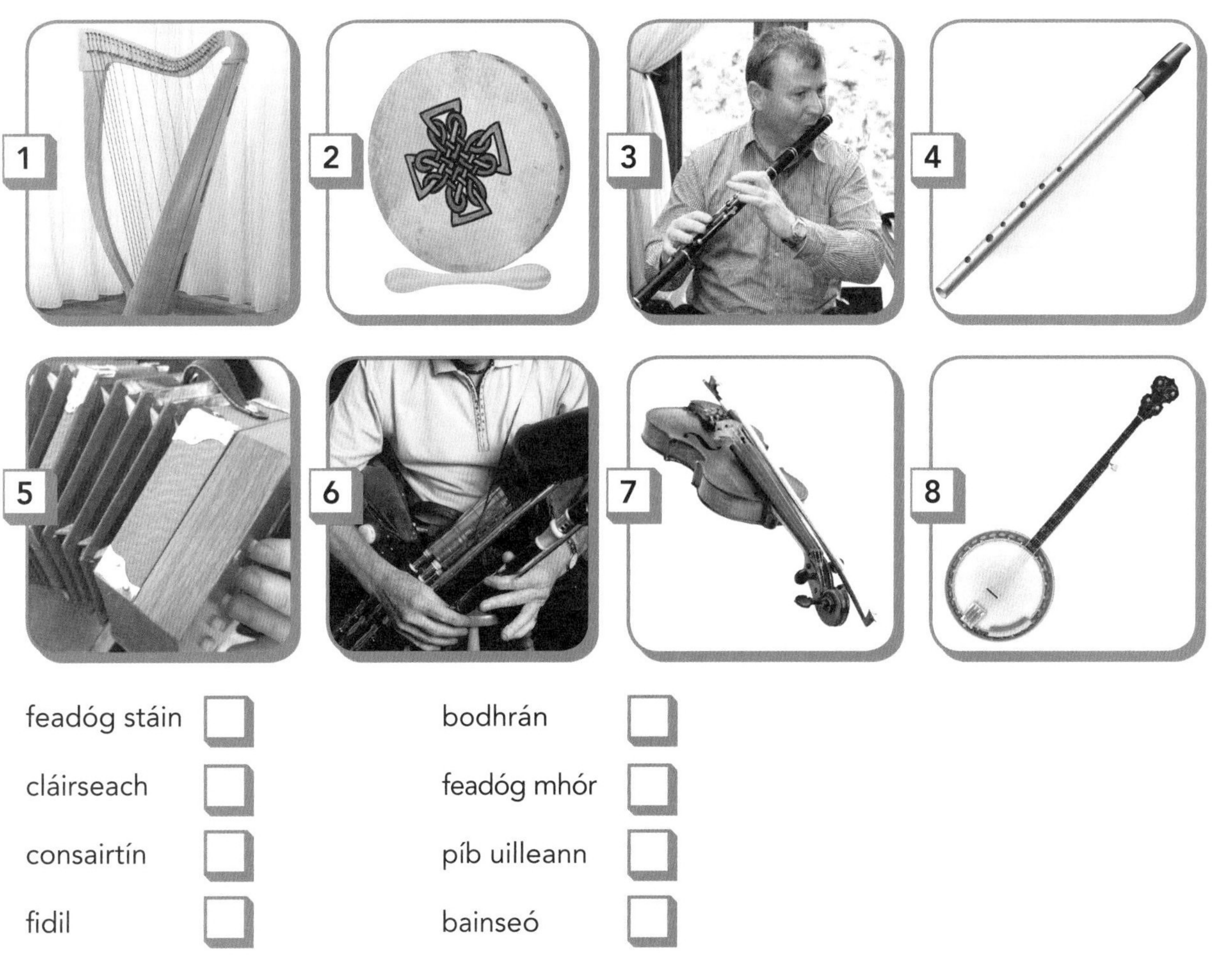

feadóg stáin	☐	bodhrán	☐
cláirseach	☐	feadóg mhór	☐
consairtín	☐	píb uilleann	☐
fidil	☐	bainseó	☐

Cuid 6

Líon na bearnaí.

drumaí	rac-cheol	thosaigh	an-bheoga	seinneann

Nioclás Cén cineál ceoil is fearr leatsa, a Nuala?

Nuala Is é ______________________ an cineál ceoil is fearr liom mar tá sé fuinniúil. Céard fútsa?

Nioclás Is é ceol tíre an ceol is fearr liom mar tá sé ______________________.

Nuala Agus an ______________________ tú ceol?

Nioclás Ó, seinnim. Seinnim an giotár agus an cairdín *(piano accordion)*. An seinneann tú féin ceol, a Nuala?

Nuala Seinnim na ______________________ agus an dordghiotár. Táim ag seinm na ndrumaí le trí bliana anuas agus ______________________ mé ag seinm an dordghiotáir anuraidh.

Cuid 7

Líon na bearnaí.

maith thú	an seinneann	thosaigh	seinnim	cathain	nuair

Múinteoir An seinneann aon duine an chláirseach?

Eoghan Seinnim. ______________________ mé á seinm anuraidh.

Múinteoir ______________________! Agus an seinneann aon duine an pianó?

Eithne ______________________ an pianó. Thosaigh mé á sheinm ______________________ a bhí mé sé bliana d'aois.

Múinteoir Agus faoi dheireadh, ______________________ aon duine an fheadóg mhór?

Éanna Seinnim an fheadóg mhór.

Múinteoir ______________________ a thosaigh tú á seinm?

Éanna Trí bliana ó shin.

Caithimh Aimsire

Cuid 8

Meaitseáil an Ghaeilge leis an mBéarla.

1	scannáin ghrinn	A	action films
2	scannáin aicsin	B	horror films
3	scannáin ghrá	C	comedy films
4	scannáin ficsean eolaíochta	D	war films
5	scannáin fantaisíochta	E	science fiction films
6	scannáin uafáis	F	romantic films
7	scannáin chogaidh	G	thrillers
8	scéinséirí	H	fantasy films

1 = ____ 2 = ____ 3 = ____ 4 = ____ 5 = ____ 6 = ____ 7 = ____ 8 = ____

Cuid 9

Léigh an comhrá. Ansin, meaitseáil na ceisteanna leis na freagraí.

Múinteoir Cén sórt scannán is fearr leat?

Michelle Is aoibhinn liom scannáin fantaisíochta. Tá siad thar a bheith cruthaitheach.

Múinteoir Cén carachtar scannáin is fearr leat?

Michelle Is é Golem an carachtar scannáin is fearr liom. Tá sé mistéireach ach scanrúil freisin.

Múinteoir An dtaitníonn aon chineál scannán eile leat?

Michelle Taitníonn scéinséirí agus cartúin liom.

Múinteoir An bhfuil aon chineál scannán nach dtaitníonn leat?

Michelle Ní maith liom scannáin ghrá. Tá siad an-leadránach.

1	Cén sórt scannán is fearr le Michelle?	A	Is é Golem an carachtar scannáin is fearr léi.
2	Cén fáth a dtaitníonn na scannáin sin léi?	B	Taitníonn scéinséirí agus cartúin léi.
3	Cén carachtar scannáin is fearr léi?	C	Taitníonn sé léi mar tá sé mistéireach ach scanrúil.
4	Cén fáth a dtaitníonn an carachtar seo léi?	D	Ní maith léi scannáin ghrá.
5	An dtaitníonn aon chineál scannán eile léi?	E	Taitníonn siad léi mar tá siad cruthaitheach.
6	An bhfuil aon chineál scannán nach dtaitníonn léi?	F	Is aoibhinn léi scannáin fantaisíochta.

1 = ____ 2 = ____ 3 = ____ 4 = ____ 5 = ____ 6 = ____

Cuid 10

Freagair na ceisteanna.

1. Cén sórt scannán is fearr leat?

___

2. Cén carachtar scannáin is fearr leat?

___

3. An dtaitníonn aon chineál scannán eile leat?

___

4. An bhfuil aon chineál scannán ann nach dtaitníonn leat?

___

GRAMADACH

Gramadach 1: An Aimsir Chaite: Briathra Rialta

Athscríobh na focail idir lúibíní.

1. Níor [tuig: sí] ______________________ gach rud a dúirt an múinteoir.
2. [Úsáid: mé] ______________________ trí bhriathar nua inniu.
3. Ar [caith: sibh] ______________________ cúpla seachtain thar lear?
4. [Iarr: siad] ______________________ orm gan dul isteach.
5. Ar [iarr: siad] ______________________ ort gan dul isteach?
6. [Sínigh: muid] ______________________ ár n-ainmneacha ar an litir.
7. [Aistrigh: muid] ______________________ na habairtí go léir.
8. [Críochnaigh: muid] ______________________ an obair go léir.
9. [Réitigh: muid] ______________________ leis an múinteoir nua.
10. Ar [dírigh: tú] ______________________ ar an obair bhaile?

Gramadach 2: An Aimsir Chaite: Briathra Neamhrialta

Athscríobh na focail idir lúibíní.

1. An [faigh: tú] ______________________ lón ar scoil inné?
2. [Déan: muid] ______________________ staidéar tar éis an dinnéir.
3. An [feic: mé] ______________________ an cluiche peile aréir?
4. [Abair: muid] ______________________ an rud céanna!
5. Níor [ith: muid] ______________________ na milseáin!
6. Ar [tar: sibh] ______________________ abhaile go déanach aréir?
7. Ar [clois: sibh] ______________________ an torann go déanach aréir?
8. An [tabhair: tú] ______________________ síob dóibh go déanach aréir?
9. An [bí: sí] ______________________ ag an gceolchoirm an tseachtain seo caite?
10. Ní [bí: muid] ______________________ ag an gcluiche an tseachtain seo caite.

Cuid 11

Meaitseáil an Ghaeilge leis an mBéarla.

1	clár nuachta	A	cartoon
2	clár faisnéise	B	quiz show
3	cartún	C	fashion programme
4	clár grinn	D	soap opera
5	clár spóirt	E	talk show
6	sobaldráma	F	sports programme
7	clár thráth na gceist	G	news programme
8	clár cainte	H	music programme
9	clár faisin	I	documentary
10	clár ceoil	J	comedy

1 = ____ 2 = ____ 3 = ____ 4 = ____ 5 = ____ 6 = ____ 7 = ____ 8 = ____ 9 = ____ 10 = ____

Cuid 12

Léigh an comhrá agus freagair na ceisteanna.

Múinteoir Cén cineál clár teilifíse is fearr leat?

Sam Is aoibhinn liom sobaldrámaí. Tá siad thar a bheith cruthaitheach.

Múinteoir Cén clár teilifíse is fearr leat?

Sam Is é *Ros na Rún* an sobaldráma is fearr liom.

Múinteoir Cén carachtar sobaldráma is fearr leat?

Sam Is iad Kat agus Alfie Moon as *EastEnders* agus *Redwater* na carachtair shobaldráma is fearr liom.

Múinteoir An dtaitníonn aon chineál clár teilifíse eile leat?

Sam Taitníonn cláir cheoil agus cartúin liom.

Múinteoir An bhfuil aon chineál clár teilifíse nach dtaitníonn leat?

Sam Ní maith liom cláir chainte ná cláir nuachta. Tá siad an-leadránach.

1. Cén cineál clár teilifíse is fearr le Sam?

   ____

2. Cén clár teilifíse is fearr leis?

   ____

3. Cén carachtar sobaldráma is fearr leis?

   ____

4. An bhfuil aon chineál clár teilifíse nach dtaitníonn leis?

   ____

Cuid 13

Freagair na ceisteanna.

1. Cén cineál clár teilifíse is fearr leat?

   ____

2. Cén clár teilifíse is fearr leat?

   ____

3. Cén carachtar sobaldráma is fearr leat?

   ____

4. An bhfuil aon chineál clár teilifíse nach dtaitníonn leat?

   ____

Cuid 14

Meaitseáil na focail leis na pictiúir.

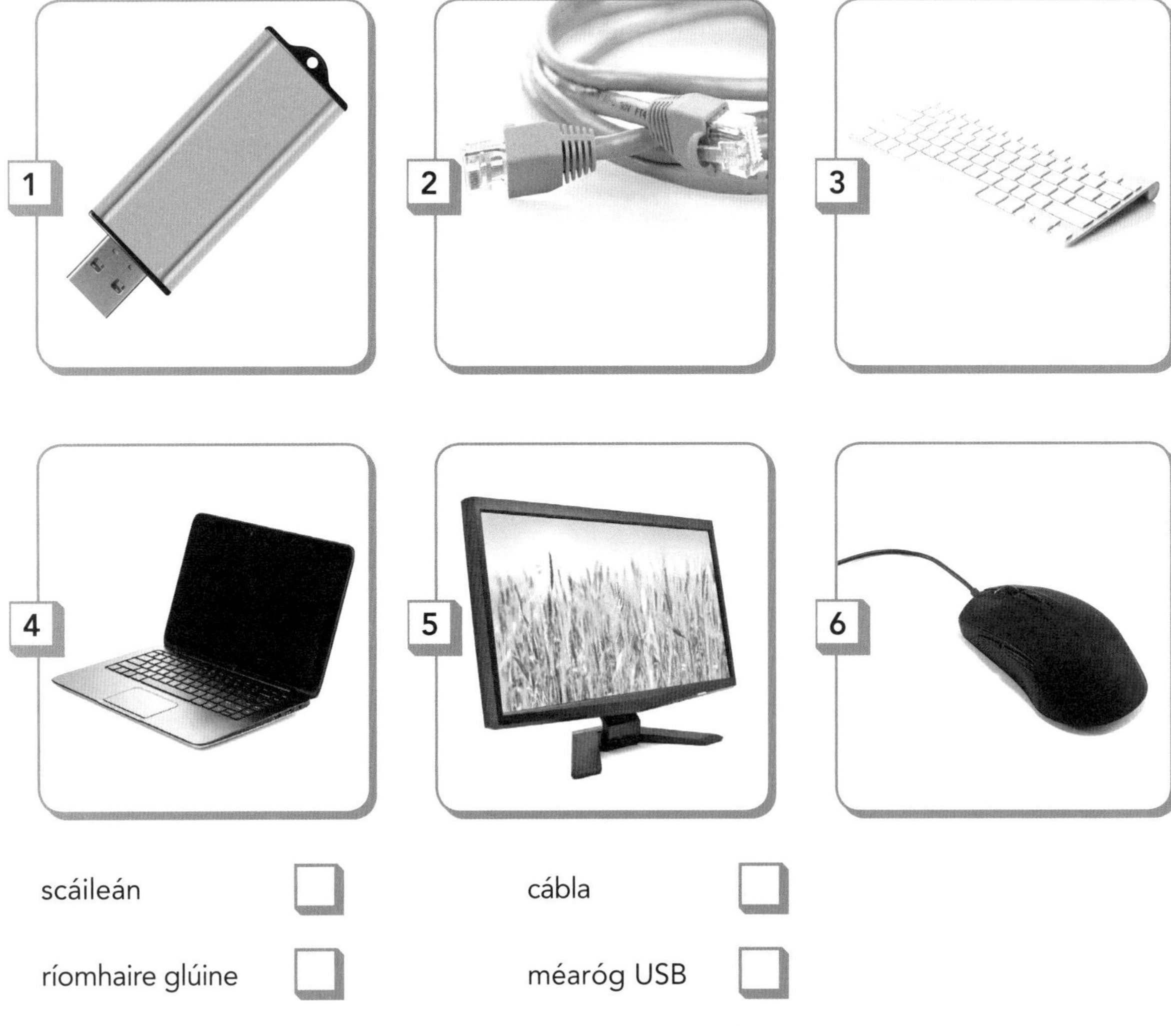

scáileán	☐	cábla	☐
ríomhaire glúine	☐	méaróg USB	☐
luch	☐	méarchlár	☐

Cuid 15

Léigh an comhrá agus freagair na ceisteanna.

Múinteoir	Cé mhéad uair an chloig a chaitheann tú ar an ríomhaire nó fón cliste gach lá?
Éadaoin	Hm. Braitheann sé. Ar an meán, caithim uair an chloig amháin ar m'fhón cliste agus uair an chloig amháin ar mo ríomhaire glúine.
Múinteoir	Cén sórt ríomhaire glúine atá agat?
Éadaoin	Tá Acer agam. Is ríomhaire an-tapa é.
Múinteoir	Cad a dhéanann tú ar do ríomhaire glúine?
Éadaoin	Déanaim mo chuid obair bhaile, códú agus imrím cluichí ríomhaire.
Múinteoir	Cén suíomh gréasáin is fearr leat?
Éadaoin	Is iad Codecademy agus GameSpot na suíomhanna gréasáin is fearr liom.
Múinteoir	An bhfuil tú i do bhall d'aon chlub ríomhaireachta?
Éadaoin	Táim i mo bhall den chlub CoderDojo.

1. Cé mhéad uair an chloig a chaitheann Éadaoin ar a fón cliste gach lá?

___

2. Cad a dhéanann sí ar a ríomhaire glúine?

___

___

3. Cad iad na suíomhanna gréasáin is fearr léi?

___

___

4. An bhfuil Éadaoin ina ball d'aon chlub ríomhaireachta?

___

Cuid 16

Freagair na ceisteanna.

1. Cé mhéad uair an chloig a chaitheann tú ar d'fhón/do ríomhaire gach lá?

___

2. Cad a dhéanann tú ar d'fhón/do ríomhaire?

___

___

3. Cén suíomh gréasáin is fearr leat?

___

4. An bhfuil tú i do bhall d'aon chlub ríomhaireachta?

___

Cuid 17

Crosfhocal

Déan an crosfhocal. Tá na focail go léir ar leathanaigh 122 agus 130 de do théacsleabhar.

Caithimh Aimsire

Trasna

4. Soap opera (10)
6. Yesterday (4)
7. Last night (5)

Síos

1. Sports programme (4, 6)
2. Cartoon (6)
3. Music programme (4, 5)
5. Last year (8)
6. Today (5)

Cuid 18

Léamhthuiscint

Léigh an t-alt seo agus freagair na ceisteanna a ghabhann leis.

Bail ó Dhia oraibh. Is mise Tadhg. Chuaigh mé go dtí Pictiúrlann Savoy i mBaile Átha Cliath an tseachtain seo caite. Bhí comórtas ar an raidió agus bhuaigh mé ceithre thicéad le haghaidh première na hÉireann de *Transformers*. Chuaigh mo chairde Máirtín, Saoirse agus Éabha in éineacht liom.

Thug mo Mham síob dúinn go dtí Sráid Uí Chonaill. Thaispeánamar ár dticéid don fhear slándála agus shiúlamar suas an cairpéad dearg. Nuair a chuamar isteach, fuaireamar deochanna agus bia saor in aisce. Creid é nó ná creid, chonaiceamar Chris Hemsworth ann.

Thosaigh an scannán ar 20:00. Scannán aicsin a bhí ann agus bhí sé an-chorraitheach. Thaitin an scannán go mór liom, caithfidh mé a rá.

Tar éis an scannáin, bhuaileamar le mo Mham agus chuamar go bialann mhearbhia. D'itheamar iasc agus sceallóga. Ní dhéanfaimid dearmad ar an oíche sin go deo.

1. Cá ndeachaigh Tadhg an tseachtain seo caite?

   ____

   ____

2. Cé a chuaigh in éineacht leis?

   ____

   ____

3. Cad a fuair siad nuair a chuaigh siad isteach?

   ____

4. Cén réalta scannáin a chonaic siad?

   ____

5. Cén t-am a thosaigh an scannán?

   ____

6. Cad a rinne siad tar éis an scannáin?

   ____

   ____

Féinmheasúnú

Léigh gach topaic sa chéad cholún. An bhfuil tú ag déanamh dul chun cinn? Cuir tic (✓) sa cholún cuí. Tá uimhir an leathanaigh chuí in aice leis an topaic.

TOPAIC	Lch	Go maith 🙂	Measartha 😐	Go dona 🙁
FOCLÓIR				
Caithimh Aimsire	116			
Cúrsaí Ceoil	118			
Ceolchoirm	120			
Scannáin agus an Phictiúrlann	126			
An Teilifís	130			
Na Meáin Shóisialta	132			
Caitheamh Aimsire Neamhghnách	134			
Lá ag Feirmeoireacht	142			
Lá ag Iascaireacht	143			
GRAMADACH				
An Aimsir Chaite: Na Briathra Rialta	124			
An Aimsir Chaite: Na Briathra Neamhrialta	128			
Na Briathra Neamhrialta: Na Foirmeacha	129			
SCRÍOBH				
Postáil Bhlag faoi Cheolchoirm	138			
Litir faoi Ionad Eachtraíochta	140			

Na príomhscileanna

Le cabhair ó do mhúinteoir, cuir tic in aice leis na príomhscileanna ar bhain tú úsáid astu i gCaibidil 5.

Na príomhscileanna	Bhain mé úsáid as
A bheith liteartha	
A bheith uimheartha	
Cumarsáid	
A bheith cruthaitheach	
Mé féin a bhainistiú	
Fanacht folláin	
Obair le daoine eile	
Eolas agus smaointeoireacht a bhainistiú	

Plean Gníomhaíochta

Déan machnamh ar do chuid foghlama! Féach ar an bhféinmheasúnú a rinne tú ar leathanach 60. Bunaithe ar an eolas seo, déan plean gníomhaíochta. Líon isteach na míreanna thíos.

Mír 1: Tá eolas maith agam ar na topaicí seo

Mír 2: Tá cleachtadh le déanamh agam ar na topaicí seo

Mír 3: Plean gníomhaíochta

Mar shampla: 'Tosóidh mé blag faoi na scannáin is fearr liom.'

Spórt

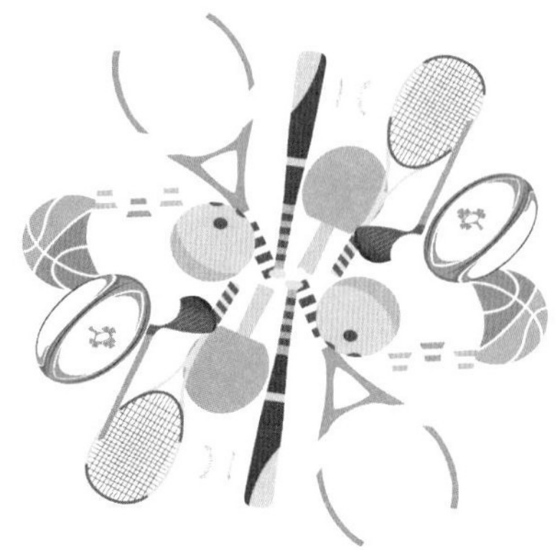

Clár Ábhair

Cuid 1

Líon na bearnaí.

1.	Imrím leadóg.	→	ag imirt leadóige
2.	Déanaim dornálaíocht.	→	ag déanamh dornálaíochta
3.	D____________ lúthchleasaíocht.	→	ag __________ lúthchleasaíochta
4.	D____________ gleacaíocht.	→	ag __________ gleacaíochta
5.	I____________ iománaíocht.	→	ag __________ iománaíochta
6.	I____________ cispheil.	→	ag __________ cispheile
7.	I____________ galf.	→	ag __________ gailf
8.	I____________ badmantan.	→	ag __________ badmantain
9.	I____________ sacar.	→	ag __________ sacair
10.	I____________ rugbaí/haca.	→	ag __________ rugbaí/haca

Cuid 2

Aistrigh go Béarla.

1. Is aoibhinn liom a bheith ag imirt leadóige.

2. Taitníonn sé leo a bheith ag imirt peil Ghaelach agus ag imirt iománaíochta.

3. Taitníonn galf go mór le Pádraig. Ní thaitníonn sacar leis ar chor ar bith.

4. Déanaimid dornálaíocht, gleacaíocht agus rámhaíocht. Ní imrímid cluichí liathróide.

5. An imríonn tú peil Ghaelach? Céard faoi iománaíocht? An maith leat a bheith ag déanamh lúthchleasaíochta?

Cuid 3

Aistrigh go Gaeilge. Tá ceisteanna 1–5 anseo cosúil le ceisteanna 1–5 i gCuid 2.

1. He loves playing basketball.

2. We enjoy playing Gaelic football and playing soccer.

3. Aoife really enjoys badminton. She doesn't like rugby at all.

4. We play soccer, Gaelic football and basketball. We don't play golf.

5. Do you do boxing? What about swimming? Do you like playing hurling?

Cuid 4

Léamhthuiscint

Léigh an píosa seo agus freagair na ceisteanna a ghabhann leis.

Haigh. Is mise Breanda. Is as Loch Garman mé. Is aoibhinn liom a bheith ag imirt spóirt. Is aoibhinn liom a bheith ag imirt peil Ghaelach agus camógaíochta.

Táim ar fhoireann peile na scoile agus ar fhoireann camógaíochta na scoile freisin. Imrím peil agus camógaíocht le mo chlub áitiúil, Abhallort-An Bealach, i Loch Garman.

Imrím i lár na páirce mar táim ard agus láidir. Téim ag traenáil le mo chlub CLG trí huaire sa tseachtain agus leis an bhfoireann scoile dhá uair sa tseachtain. Bíonn cluiche agam gach deireadh seachtaine. Ba bhreá liom imirt ar fhoireann Loch Garman lá éigin.

1. Cad iad na spóirt is maith le Breanda?

____

____

2. Ainmnigh an dá fhoireann a n-imríonn sí leo.

____

____

3. Cad is ainm dá club áitiúil?

____

4. Cén áit a n-imríonn sí?

____

5. Cé chomh minic is a théann sí ag traenáil lena club CLG?

____

____

6. An bhfuil Breanda uaillmhianach *(ambitious)*? Cén fáth?

____

____

Cuid 5

Meaitseáil na focail leis na pictiúir.

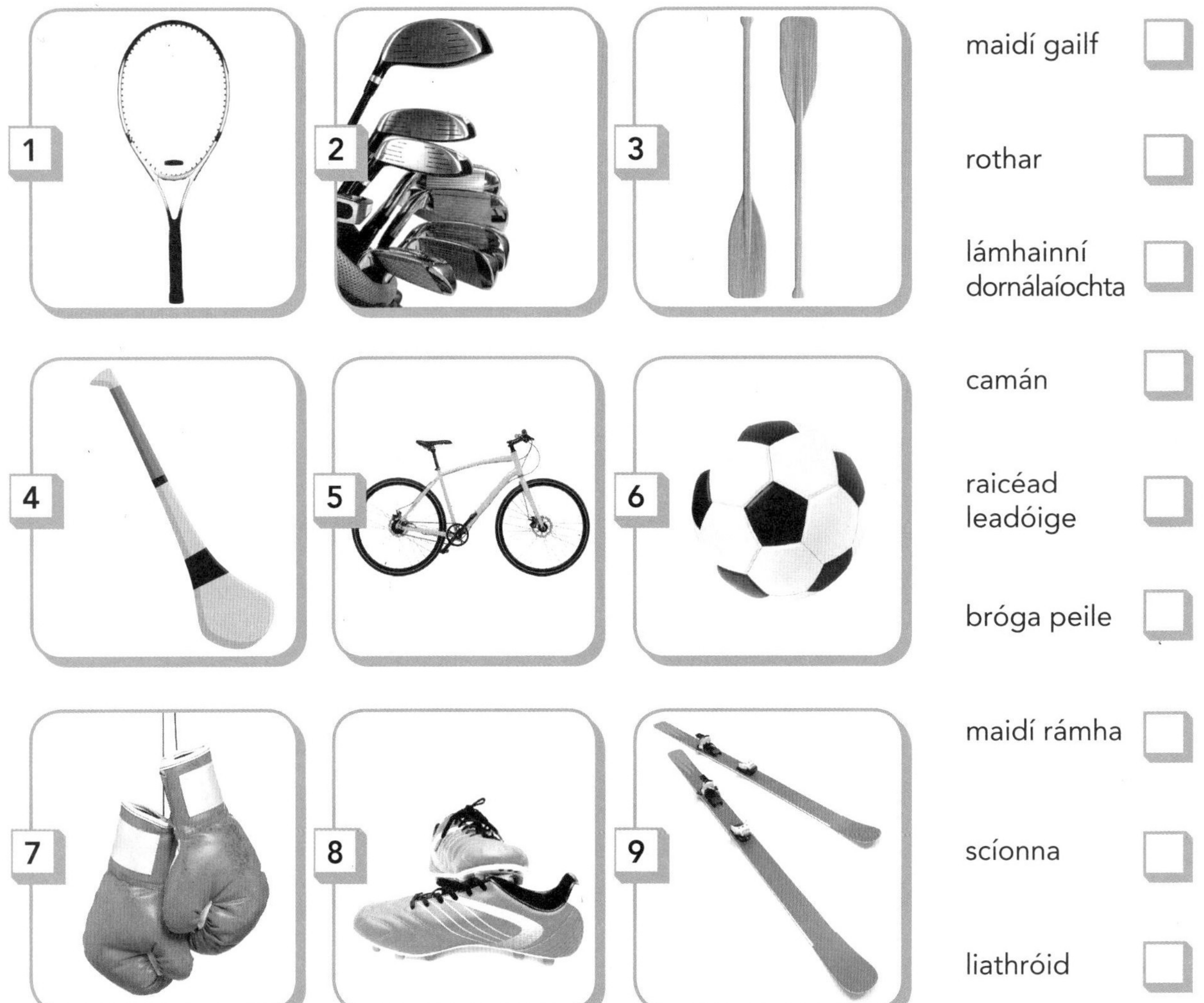

Cuid 6

Meaitseáil an Ghaeilge leis an mBéarla.

1	captaen	A	fans
2	lucht leanúna	B	teams
3	lucht féachana	C	assistant referee
4	réiteoir	D	umpire (tennis)
5	maor cúil	E	captain
6	garda tarrthála	F	umpire (GAA)
7	bainisteoir	G	lifeguard
8	foirne	H	referee
9	réiteoir cúnta	I	spectators
10	moltóir	J	manager

1 = ____ 2 = ____ 3 = ____ 4 = ____ 5 = ____

6 = ____ 7 = ____ 8 = ____ 9 = ____ 10 = ____

Cuid 7

Léamhthuiscint

Léigh an píosa seo faoin bPáirc Oilimpeach *(Olympic Park)* i Londain agus freagair na ceisteanna a ghabhann leis.

Osclaíodh an Pháirc Oilimpeach i Londain i 2012, díreach in am do na Cluichí Oilimpeacha i 2012. Tá go leor áiseanna sa Pháirc Oilimpeach. Ar na háiseanna iontacha seo, tá dhá linn snámha 50m, trí chúirt chispheile, deich gcúirt leadóige agus dhá pháirc haca.

Chomh maith leis na háiseanna iontacha seo, tá staidiam mór ann freisin. Staid Londan an t-ainm atá air. Tá raon reatha 400m, páirc chruicéid agus páirc pheile sa staidiam. Imríonn West Ham United a gcluichí baile ann.

1. Cathain a osclaíodh an Pháirc Oilimpeach i Londain?

   ____

2. Liostaigh na háiseanna atá sa Pháirc Oilimpeach.

   ____

   ____

3. Cad is ainm don staidiam atá sa Pháirc Oilimpeach?

   ____

4. Liostaigh na háiseanna atá i Staid Londan.

   ____

   ____

5. Cén club sacair a imríonn a chluichí baile ann?

   ____

Spórt

Cuid 8

Líon na bearnaí.

cúl báire	téim	minic	meas	iománaíocht	uair

Peigí	Cén spórt is fearr leat, a Pharthaláin?
Parthalán	Ó, is aoibhinn liom ____________________. Is aoibhinn liom a bheith ag imirt cruicéid freisin.
Peigí	Cé chomh ____________________ is a théann tú ag traenáil?
Parthalán	____________________ ag traenáil gach lá. Imrím iománaíocht cúig huaire sa tseachtain agus cruicéad dhá ____________________ sa tseachtain.
Peigí	Cén réalta spóirt is mó a bhfuil ____________________ agat air?
Parthalán	Tá meas mór agam ar an gcúl báire Eoin Murphy. Tá sé tapa agus cróga. Is ____________________ mise freisin.

Cuid 9

Líon na bearnaí.

rithim	fearr	sheisiún	lúthchleasaíochta	meas	traenáil

Oisín	Cén spórt is ____________________ leatsa, a Olivia?
Olivia	Ó, is breá liom a bheith ag déanamh ____________________. Is aoibhinn liom an rás 400m.
Oisín	Cé chomh minic is a théann tú ag ____________________ ?
Olivia	____________________ gach lá. Bíonn trí ____________________ mhóra agam sa tseachtain.
Oisín	Cén réalta spóirt is mó a bhfuil meas agat air?
Olivia	Tá ____________________ mór agam ar Jessie Barr. Tá sí tapa agus láidir.

GRAMADACH

Gramadach 1: Céimeanna Comparáide na hAidiachta: Aidiachtaí Rialta

Athscríobh na focail idir lúibíní.

1. Tá Usain Bolt níos [ard] __________________ ná Justin Gatlin.
2. An mbíonn ticéid spóirt níos [daor] _________ in Éirinn ná i Sasana?
3. Tá Jason Quigley níos [trom] ___________ ná Jamie Conlan.
4. Tá lucht leanúna Everton níos [dílis] ___________ ná lucht leanúna Liverpool.
5. Bíonn cluichí cispheile níos [corraitheach] _________________ ná cluichí peile.
6. Ní bhíonn cruicéad níos [leadránach] __________________ ná leadóg.
7. An bhfuil MMA níos [dainséarach] _________________ ná iománaíocht?
8. Bíonn gleacaithe níos [misniúil] _________________ ná snámhaithe.
9. Bíonn tosaithe níos [leisciúil] _________________ ná cúlaithe.
10. Ní bhíonn rámhaithe níos [cróga] ____________ ná seoltóirí.

Gramadach 2: Céimeanna Comparáide na hAidiachta: Aidiachtaí Neamhrialta

Athscríobh na focail idir lúibíní.

1. An bhfuil tusa níos [maith] ___________ ag an ngalf ná mise?
2. An bhfuil an staidiam nua níos [mór] __________ ná an seanstaidiam?
3. Ritheann imreoirí haca níos [tapa] __________ ná imreoirí sacair.
4. Tá páirceanna sacair níos [beag] _________ ná páirceanna peil Ghaelach.
5. Tá caighdeán an rugbaí sa chluiche seo níos [olc] __________ ná mar a bhí.
6. Is é Palmerias an fhoireann sacair is [maith] __________ sa Bhrasaíl.
7. Is é Staid Rungrado 1 Bealtaine sa Choiré Thuaidh an staidiam is [mór] _________ ar domhan.
8. An í Elaine Thompson an bhean is [tapa] __________ ar domhan?
9. Cé hé an t-imreoir cispheile is [beag] _________ i Meiriceá?
10. Cé hé an réiteoir is [olc] __________ san Eoraip?

Cuid 10

Féach ar an bpóstaer agus freagair na ceisteanna a ghabhann leis.

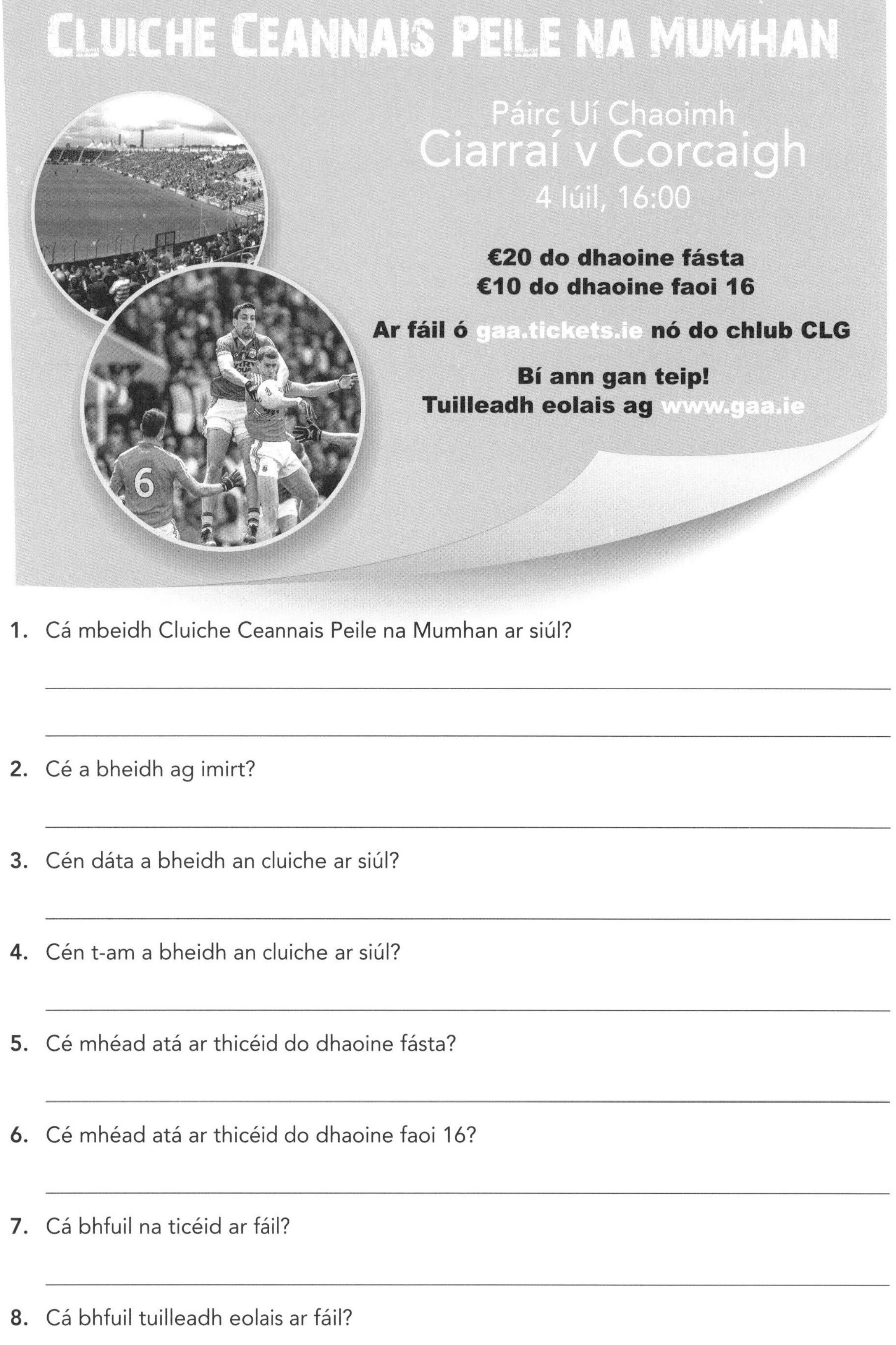

1. Cá mbeidh Cluiche Ceannais Peile na Mumhan ar siúl?

   ____

   ____

2. Cé a bheidh ag imirt?

   ____

3. Cén dáta a bheidh an cluiche ar siúl?

   ____

4. Cén t-am a bheidh an cluiche ar siúl?

   ____

5. Cé mhéad atá ar thicéid do dhaoine fásta?

   ____

6. Cé mhéad atá ar thicéid do dhaoine faoi 16?

   ____

7. Cá bhfuil na ticéid ar fáil?

   ____

8. Cá bhfuil tuilleadh eolais ar fáil?

   ____

Cuid 11

Léamhthuiscint

Léigh an t-alt seo agus freagair na ceisteanna a ghabhann leis.

Bail ó Dhia oraibh. Is mise Íde. Chuaigh mé go dtí Cluiche Ceannais Peile na Gaillimhe i bPáirc an Phiarsaigh an deireadh seachtaine seo caite. Bhí Cora Finne agus Caisleán an Bharraigh ag imirt. Cluiche iontach a bhí ann.

Fuair mé mo thicéad ó mo chumann, Cora Finne. €10 a bhí ar an ticéad. Chuaigh mé ann in éineacht le roinnt daoine ó mo rang. Chuamar go dtí Páirc an Phiarsaigh ar mhionbhus.

Caitheadh an liathróid isteach ar a ceathair a chlog. Buíochas le Dia, fuair Cora Finne an ceann is fearr ar Chaisleán an Bharraigh. Bhuaigh Cora Finne le dhá phointe, 1–11 in aghaidh 1–9.

Ar an mionbhus ar ais go Cora Finne, stopamar i Supermac's le haghaidh burgair. Ní dhéanfaimid dearmad ar an lá sin go deo.

1. Cá ndeachaigh Íde an deireadh seachtaine seo caite?

___

___

2. Cé a bhí ag imirt?

___

3. Cé mhéad a bhí ar na ticéid?

___

4. Cé a chuaigh in éineacht léi?

___

5. Conas a bhain siad Páirc an Phiarsaigh amach?

___

___

6. Cén t-am a caitheadh an liathróid isteach?

___

7. Cé a bhuaigh an cluiche?

___

8. Cad a rinne siad tar éis an chluiche?

___

Spórt

Cuid 12

Léamhthuiscint

Léigh an t-alt seo faoi Michael Phelps agus freagair na ceisteanna a ghabhann leis.

Ba shnámhaí den scoth é Michael Phelps. Bhuaigh sé 28 bonn Oilimpeach ina shaol: níos mó ná aon lúthchleasaí eile – níos mó ná an gleacaí Larisa Latynina, níos mó ná an rábálaí Usain Bolt, níos mó ná an rothaí Chris Hoy.

Thosaigh sé ag glacadh páirte sna Cluichí Oilimpeacha den chéad uair i 2000 in Sydney. Ní raibh sé ach cúig bliana déag d'aois. Ó shin i leith (*since then*), chruthaigh sé go raibh sé níos aclaí, níos láidre agus níos tapúla ná aon snámhaí eile.

Rinne sé a chuid traenála san Ionad Traenála Oilimpeach in Colorado, Meiriceá. Tá go leor áiseanna iontacha san ionad traenála sin. Ar na háiseanna sin, tá linn snámha 50m, veileadróm, go leor spórtlann, saotharlann eolaíochta, ceaintín agus óstán.

Ghlac sé páirt ina rás deireanach in Rio de Janeiro i 2016 – rás sealaíochta 4 × 100m. Bhuaigh Phelps agus a fhoireann an bonn óir. Bhí atmaisféar leictreach ann.

Ní dhéanfaidh aon duine dearmad ar Michael Phelps go deo.

1. Cé mhéad bonn Oilimpeach a bhuaigh Michael Phelps ina shaol?

____

2. Cén spórt a rinne Larisa Latynina?

____

3. Cén spórt a rinne Chris Hoy?

____

4. Cén aois a bhí ag Michael Phelps nuair a ghlac sé páirt sna Cluichí Oilimpeacha in Sydney?

____

5. Cén stát i Meiriceá ina bhfuil an tIonad Traenála Oilimpeach suite?

____

6. Luaigh **dhá** áis atá san ionad traenála.

____

7. Cad é an rás deireanach ar ghlac Phelps páirt ann?

____

8. Ar bhuaigh Michael Phelps a rás deireanach?

____

Cuid 13

Crosfhocal

Déan an crosfhocal. Tá na focail go léir ar leathanaigh 152 agus 157 de do théacsleabhar.

Spórt

Trasna

3. Skilful (8)

4. Soccer (5)

6. Swimming (5)

8. Brave (5)

Síos

1. Golf (4)

2. Fit (5)

5. Cycling (10)

7. Fast (4)

Féinmheasúnú

Léigh gach topaic sa chéad cholún. An bhfuil tú ag déanamh dul chun cinn? Cuir tic (✓) sa cholún cuí. Tá uimhir an leathanaigh chuí in aice leis an topaic.

TOPAIC	Lch	Go maith ☺	Measartha 😐	Go dona ☹
FOCLÓIR				
Cén Spórt is Fearr Leat?	152			
Trealamh Spóirt	155			
Lucht Spóirt agus Tréithe Spóirt	156			
Áiteanna Spóirt agus Áiseanna Spóirt	158			
An tIonad Spóirt agus Fóillíochta	159			
Cén Spórt is Fearr Duitse?	168			
GRAMADACH				
Céimeanna Comparáide na hAidiachta	164			
SCRÍOBH				
Póstaer: Cluiche Spóirt	166			
Postáil Bhlag faoi Chluiche Peile	170			

Na príomhscileanna

Le cabhair ó do mhúinteoir, cuir tic in aice leis na príomhscileanna ar bhain tú úsáid astu i gCaibidil 6.

Na príomhscileanna	Bhain mé úsáid as
A bheith liteartha	
A bheith uimheartha	
Cumarsáid	
A bheith cruthaitheach	
Mé féin a bhainistiú	
Fanacht folláin	
Obair le daoine eile	
Eolas agus smaointeoireacht a bhainistiú	

Plean Gníomhaíochta

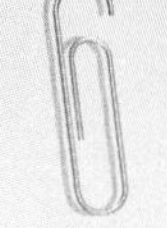

Déan machnamh ar do chuid foghlama! Féach ar an bhféinmheasúnú a rinne tú ar leathanach 74. Bunaithe ar an eolas seo, déan plean gníomhaíochta. Líon isteach na míreanna thíos.

Mír 1: Tá eolas maith agam ar na topaicí seo

Mír 2: Tá cleachtadh le déanamh agam ar na topaicí seo

Mír 3: Plean gníomhaíochta

Mar shampla: 'Tosóidh mé blag faoi chluichí a chonaic mé.'

Sláinte agus Bia

Clár Ábhair

Cuid 1

Meaitseáil an Ghaeilge leis an mBéarla.

1	droim	A	mouth
2	cos	B	hand/arm
3	méar	C	back
4	ceann	D	head
5	béal	E	finger
6	fiacla	F	leg/foot
7	lámh	G	face
8	aghaidh	H	teeth

1 = ____ 2 = ____ 3 = ____ 4 = ____

5 = ____ 6 = ____ 7 = ____ 8 = ____

Cuid 2

Meaitseáil an Ghaeilge leis an mBéarla.

1	Tá mo dhroim nimhneach.	A	I have a cold.
2	Tá tinneas fiacaile orm.	B	I have a pain in my ear.
3	Tá slaghdán orm.	C	My back is sore.
4	Tá pian i mo chluas.	D	I have a toothache.

1 = ____ 2 = ____ 3 = ____ 4 = ____

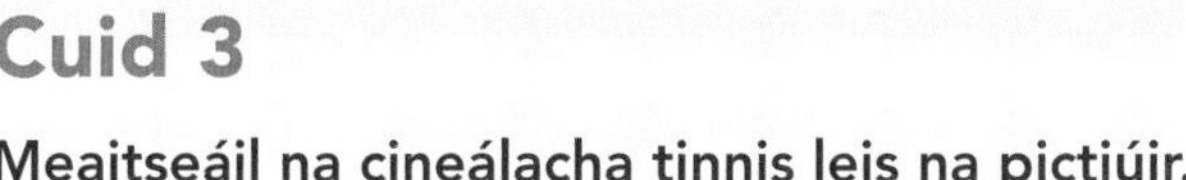

Cuid 3

Meaitseáil na cineálacha tinnis leis na pictiúir.

1

2

3

4

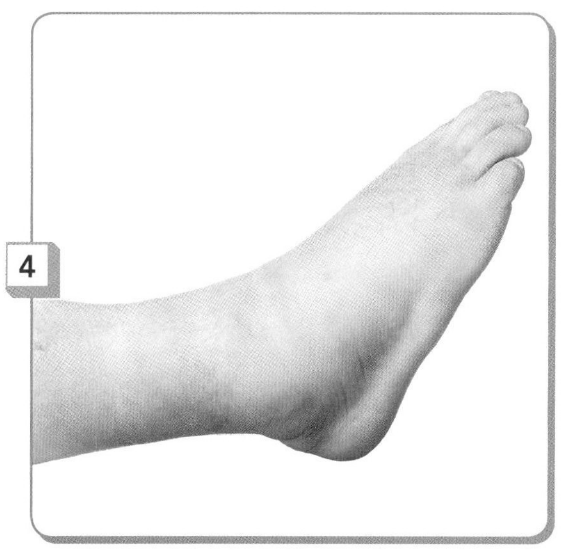

Tá pian i mo chluas. ☐

Tá tinneas fiacaile orm. ☐

Tá mo rúitín ata. ☐

Tá slaghdán/fliú orm. ☐

Cuid 4

Chríochnaigh an abairt leis na focail sa bhosca.

tá pian i mo bholg	bhris mé mo rúitín	tá scornach thinn orm	tá pian i mo chluas

1. Thit mé síos an staighre agus ______________________________.
2. Bhí mé ag rac-cheolchoirm aréir agus ______________________________ anois.
3. D'ith mé trí bhurgar agus ______________________________ anois.
4. Bhí mé ag canadh ag an gcluiche ach ______________________________ anois.

Cuid 5

Léamhthuiscint

Léigh an comhrá agus freagair na ceisteanna.

Dochtúir	Conas is féidir liom cabhrú leat?
Othar	Tá casacht orm. Tá scornach thinn orm freisin.
Dochtúir	Hm. Oscail do bhéal agus scrúdóidh mé do scornach.
Othar	Áááá!
Dochtúir	Hm. Tá do scornach ata. Éistfidh mé le do scamhóga.
Othar	Ceart go leor.
Dochtúir	Tarraing anáil dhomhain.
Othar	E-e-e-e!
Dochtúir	Hm. Tá cársán (*wheeze*) ann … Ceart go leor.
Othar	An bhfuil sé go dona?
Dochtúir	Ó, níl, níl. Éist leis an gcomhairle seo agus beidh tú ceart go leor. Uimhir a haon, rinseáil do bhéal le huisce agus salann tar éis bia a ithe. Uimhir a dó, ól go leor uisce. Uimhir a trí, ceannaigh na táibléid seo. Agus ná téigh ar scoil go dtí Dé Luain!
Othar	Ní rachaidh, ná bí buartha! Go raibh maith agat. Slán.

1. Cad atá cearr leis an othar?

 ____

 ____

2. Scrúdóidh an dochtúir dhá rud. Cad iad?

 ____

 ____

3. Cad a chloiseann an dochtúir sna scamhóga?

 ____

4. Cad ba chóir don othar a dhéanamh tar éis bia a ithe?

 ____

 ____

5. Cathain ba chóir don othar dul ar ais ar scoil?

 ____

Cuid 6

Meaitseáil an Ghaeilge leis an mBéarla.

1	ghortaigh	A	stitch
2	ghreamaigh	B	scraped
3	scríob	C	studs
4	chuir	D	tackled
5	fuair	E	wound
6	stodaí	F	opponent
7	bindealán	G	put
8	greim	H	hurt/injured
9	cneá	I	got
10	céile comhraic	J	bandage

1 = ____ 6 = ____

2 = ____ 7 = ____

3 = ____ 8 = ____

4 = ____ 9 = ____

5 = ____ 10 = ____

Cuid 7

Aistrigh go Gaeilge.

1. I hurt my leg.

 ____

2. My opponent tackled me.

 ____

3. His studs scraped my leg.

 ____

4. The manager put a bandage on my leg.

 ____

 ____

5. I got a lift to the hospital.

 ____

6. The doctor cleaned the wound.

 ____

7. I got seven stitches.

 ____

8. The doctor put a clean bandage on my leg.

 ____

 ____

Cuid 8

Meaitseáil an Ghaeilge leis an mBéarla.

1	chuaigh	A	gave
2	dúirt	B	anaesthetic
3	thug	C	missed/lost
4	dhúisigh	D	said
5	chaill	E	tonsils
6	scian	F	painkiller
7	céislíní	G	woke up
8	obráid	H	knife
9	pianmhúchán	I	operation
10	ainéistéiseach	J	went

1 = ____ 2 = ____ 3 = ____ 4 = ____ 5 = ____

6 = ____ 7 = ____ 8 = ____ 9 = ____ 10 = ____

Cuid 9

Aistrigh go Gaeilge.

1. I went to the doctor.

____

2. The doctor gave me painkillers.

____

3. I went to the hospital.

____

4. I went under the knife.

____

5. I had an operation.

____

6. They gave me an anaesthetic.

____

7. I woke up the following day.

____

8. I missed a week at school.

____

GRAMADACH

Gramadach 1: An Aimsir Fháistineach: Briathra Rialta

Athscríobh na focail idir lúibíní.

1. An [ól: tú] ______________________ cupán tae?
2. [Séid: sé] ______________________ an fheadóg i gceann soicind.
3. An [caith: sibh] ______________________ an oíche sa bhialann?
4. Ní [seol: siad] ______________________ cárta Nollag chucu.
5. Bí cúramach nó [tit: tú] ______________________ den rothar.
6. Ní [aimsigh: muid] ______________________ an freagra anseo.
7. An [breathnaigh: muid] ______________________ ar an gclár arís?
8. [Ceannóidh: muid] ______________________ cúpla rud sa siopa.
9. [Dírigh: muid] ______________________ ar an obair láithreach.
10. Ní [litrigh: tú] ______________________ an focal sin i gceart!

Gramadach 2: An Aimsir Fháistineach: Briathra Neamhrialta

Athscríobh na focail idir lúibíní.

1. Ní [déan: muid] ______________________ staidéar amárach.
2. [Feic: mé] ______________________ ar ball thú.
3. Ar [tar: tú] ______________________ go dtí an phictiúrlann in éineacht liom anocht?
4. [Clois: sibh] ______________________ an dea-scéal níos déanaí.
5. [Tabhair: sé] ______________________ go leor bronntanas daoibh!
6. An [bí: tú] ______________________ san ospidéal arú amárach?
7. Ní [téigh: muid] ______________________ ar scoil go dtí Dé Luain.
8. An [abair: muid] ______________________ libh nuair a [faigh: muid] ______________________ é.
9. [Faigh: mé] ______________________ bricfeasta ar scoil ach ní [faigh: mé] ______________________ lón.
10. [Ith: siad] ______________________ príomhchúrsa sa bhialann ach ní [ith: siad] ______________________ milseog!

Cuid 10

Léamhthuiscint

Léigh an píosa seo agus freagair na ceisteanna a ghabhann leis.

Bail ó Dhia oraibh. Is mise Ciarán agus seo an bia a ithim. Éirím ar a seacht a chlog gach maidin agus ithim bricfeasta blasta. Ithim babhla leite le bainne agus mil, dhá ubh agus slisín tósta. Ólaim cupán tae freisin.

Ag am sosa, ithim cáis nó cnónna nó toradh. Ólaim caoineog uaireanta.

Ag am lóin, ithim sailéad – leitís, trátaí, cúcamar agus beagán sicín. Ólaim gloine uisce freisin.

Ag am dinnéir, ithim feoil nó iasc, prátaí nó rís, agus go leor glasraí. Is í mairteoil an fheoil is fearr liom, is é trosc an t-iasc is fearr liom, agus is iad meacain dhearga an glasra is fearr liom.

1. Cén t-am a éiríonn Ciarán gach maidin?

   ____

2. Cad a itheann sé le haghaidh bricfeasta?

   ____

   ____

3. Cad a itheann sé ag am sosa?

   ____

4. Cad a ólann sé ag am sosa?

   ____

5. Cathain a itheann sé sailéad?

   ____

6. Cén fheoil is fearr leis?

   ____

7. Cén t-iasc is fearr leis?

   ____

8. Cén glasra is fearr leis?

   ____

Cuid 11

Meaitseáil an Ghaeilge leis an mBéarla.

1	toirtín úll	A	jelly
2	toirtín triacla	B	Christmas pudding
3	pióg thorthaí	C	chocolate pudding
4	taoschnó	D	toffee ice cream
5	glóthach	E	rice pudding
6	maróg ríse	F	apple tart
7	maróg sheacláide	G	treacle tart
8	maróg Nollag	H	vanilla ice cream
9	uachtar reoite fanaile	I	doughnut
10	uachtar reoite taifí	J	fruit pie

1 = ____ 2 = ____ 3 = ____ 4 = ____ 5 = ____

6 = ____ 7 = ____ 8 = ____ 9 = ____ 10 = ____

Cuid 12

Scríobh an béile san áit cheart ar an mbiachlár. Bain úsáid as d'fhoclóir.

trosc fiáin	sailéad portán	turcaí rósta
anraith trátaí	pasta le spionáiste agus cáis	stéig ✔
deochanna súilíneacha	sú oráiste	sú úll
caoineog thorthaí	taoschnó suibhe	toirtín triacla

Cuid 13

Cé a deir na habairtí seo: an freastalaí nó an custaiméir?

1	Fáilte chuig Bialann na Mara. Seo an biachlár.	An freastalaí
2	An féidir liom an bille a fháil, le do thoil?	
3	Mmm. Tá go leor rudaí blasta ar an mbiachlár.	
4	Go breá. Agus le hól?	
5	An bhfuil tú réidh nó ar mhaith leat cúpla nóiméad eile?	
6	Táim réidh, go raibh maith agat.	
7	Gloine uisce, le do thoil.	
8	Ba mhaith liom an t-anraith glasraí agus an stéig, le do thoil.	
9	Bain sult as an mbéile.	
10	Gabh mo leithscéal! Tá an stéig fuar.	

Cuid 14

Crosfhocal

Déan an crosfhocal. Tá na focail go léir ar leathanaigh 180 agus 190 de do théacsleabhar.

Sláinte agus Bia

Trasna

1. Knee (5)
4. Face (7)
6. Porridge (5)
8. Ear (5)

Síos

2. Hand (4)
3. Milk (6)
5. Vegetables (7)
7. Fish (4)

Cuid 15

Léigh an scéal seo faoi thimpiste a chonaic Póilín agus a deirfiúr. Ansin, freagair na ceisteanna a ghabhann leis.

Lá breá brothallach a bhí ann. Bhí mise agus mo dheirfiúr Sinéad ag siúl cois Loch Dhún Lúiche i nDún na nGall. Bhí an bheirt againn ag baint taitnimh as an lá.

along Dunlewey Lough; both of us

Chonaiceamar fear óg i mbád beag sa loch. Chroitheamar ár lámh air agus chroith sé a lámh orainn. Bhí sé ag iascaireacht – bradán nó breac, b'fhéidir.

we waved at him

Go tobann, bhuail a bhád rud éigin. Creid é nó ná creid, d'iompaigh an bád bunoscionn. Lig an fear scread as agus thit sé isteach san uisce. Faraor, ní raibh sé ábalta snámh. Chuir Sinéad glao ar na seirbhísí éigeandála láithreach.

his boat hit something; the boat overturned

Chonaic mise baoi tarrthála céad méadar amach uaim. Rith mé go dtí an baoi ar luas lasrach. Tháinig mé ar ais leis agus shiúil mé isteach san uisce. Nuair a bhí an t-uisce go bolg orm, chaith mé an baoi chuig an bhfear. Rug sé greim ar an mbaoi agus tharraing mé i dtír é. Nuair a tháinig sé i dtír, bhí sé as anáil agus ag casachtach leis.

a lifebuoy 100m away from me; up to my belly; he grabbed; I pulled him ashore; out of breath

Tar éis deich nóiméad, chualamar bonnán an otharchairr agus bonnán na nGardaí. Léim na paraimhíochaineoirí amach agus scrúdaigh siad an fear. Bhí sé ar crith leis an bhfuacht. Cuireadh ar shínteán é agus isteach san otharcharr. Thiomáin siad go dtí an t-ospidéal ar luas lasrach.

shaking with the cold

Thug na Gardaí síob abhaile dúinn. D'inis siad an scéal ar fad dár dtuismitheoirí. Bhí bród an domhain orthu.

An lá dár gcionn, fuaireamar glao fóin ón bhfear óg. Ghabh sé buíochas linn. Dúirt sé go raibh sé ag mothú níos fearr. Sheol sé bronntanas ollmhór chugainn freisin.

the following day; he thanked us

Ní dhéanfaimid dearmad ar an lá sin go deo na ndeor.

1. Cá raibh Póilín agus a deirfiúr ag siúl?

2. Cé a chonaic siad i mbád beag sa loch?

3. Cad a bhí á dhéanamh aige?

4. Cén timpiste a tharla?

5. Cad a tharla don fhear?

6. Cad a rinne Sinéad?

7. Cad a rinne Póilín leis an mbaoi tarrthála?

8. Cad a rinne na paraimhíochaineoirí nuair a tháinig siad?

9. Conas a chuaigh na deirfiúracha abhaile?

10. Cad a dúirt an fear óg nuair a chuir sé glao orthu?

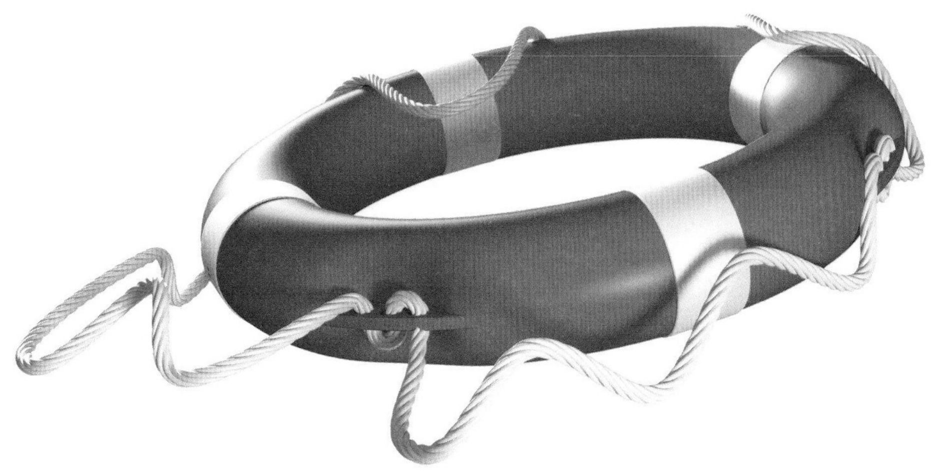

Féinmheasúnú

Léigh gach topaic sa chéad cholún. An bhfuil tú ag déanamh dul chun cinn? Cuir tic (✓) sa cholún cuí. Tá uimhir an leathanaigh chuí in aice leis an topaic.

TOPAIC	Lch	Go maith	Measartha	Go dona
FOCLÓIR				
An Corp	180			
Cuairt ar an Dochtúir	182			
Timpiste a Tharla Dom	184			
Trí Oíche san Ospidéal	185			
Bia agus Sláinte	190			
Suirbhé ar Bhia Folláin	191			
Bia i Leabhair	192			
An Ghaeilge sa Bhialann	194			
GRAMADACH				
An Aimsir Fháistineach: Na Briathra Rialta	187			
An Aimsir Fháistineach: Na Briathra Neamhrialta	188			
Na Briathra Neamhrialta: Na Foirmeacha	189			
SCRÍOBH				
Sraith Pictiúr: Timpiste Rothair	197			

Na príomhscileanna

Le cabhair ó do mhúinteoir, cuir tic in aice leis na príomhscileanna ar bhain tú úsáid astu i gCaibidil 7.

Na príomhscileanna	Bhain mé úsáid as
A bheith liteartha	
A bheith uimheartha	
Cumarsáid	
A bheith cruthaitheach	
Mé féin a bhainistiú	
Fanacht folláin	
Obair le daoine eile	
Eolas agus smaointeoireacht a bhainistiú	

Plean Gníomhaíochta

Déan machnamh ar do chuid foghlama! Féach ar an bhféinmheasúnú a rinne tú ar leathanach 88. Bunaithe ar an eolas seo, déan plean gníomhaíochta. Líon isteach na míreanna thíos.

Mír 1: Tá eolas maith agam ar na topaicí seo

Mír 2: Tá cleachtadh le déanamh agam ar na topaicí seo

Mír 3: Plean gníomhaíochta

Mar shampla: 'Rachaidh mé siar ar fhocail agus ar nathanna nua go rialta.'

Trialacha Cluastuisceana

Tagraíonn uimhreacha na leathanach don leabhar gníomhaíochta sa mhír seo.

Caibidil 1: Mo Scoil Nua

Script: leathanach 130

A. Cainteoir

Éist leis an gcainteoir seo agus líon isteach an t-eolas atá á lorg sa ghreille thíos. Cloisfidh tú an taifeadadh faoi dhó.

Ainm	**Siún Ní Mhurchú**
1. Cár rugadh Siún?	
2. Cén scoil a bhfuil Siún ag freastal uirthi?	
3. Cé mhéad scoláire atá ag freastal ar an scoil?	
4. Cé mhéad múinteoir atá ag obair sa scoil?	
5. Cén áis is fearr léi?	

B. Fógra

Éist go cúramach leis an bhfógra agus freagair na ceisteanna a ghabhann leis. Cloisfidh tú an taifeadadh faoi dhó.

1. Cén pictiúr a théann leis an bhfógra seo? ☐

A

B

C

D

2. Cén scór a bhí ann? ☐

(a) 3–1 (b) 3–2 (c) 3–0 (d) 5–0

C. Píosa Nuachta

Éist go cúramach leis an bpíosa nuachta agus freagair na ceisteanna a ghabhann leis. Cloisfidh tú an taifeadadh faoi dhó.

1. Cén pictiúr a théann leis an bpíosa nuachta seo? ☐

A

B

C

D

2. Cé mhéad airgid a caitheadh ar na trí shaotharlann eolaíochta?

   (a) dhá mhilliún euro (b) trí mhilliún euro
   (c) ceithre mhilliún euro (d) cúig mhilliún euro ☐

D. Comhrá

Éist go cúramach leis an gcomhrá agus freagair na ceisteanna a ghabhann leis. Cloisfidh tú an taifeadadh faoi dhó.

1. Cén pictiúr a théann leis an gcomhrá seo? ☐

A

B

C

D

2. Cén áit a seolann an príomhoide Eoin?

   (a) an oifig (b) an halla spóirt
   (c) an ceaintín (d) abhaile ☐

Caibidil 2: Mé Féin, Mo Theaghlach agus Mo Chairde

Script: leathanach 131

A. Cainteoir

Éist leis an gcainteoir seo agus líon isteach an t-eolas atá á lorg sa ghreille thíos. Cloisfidh tú an taifeadadh faoi dhó.

Ainm	**Marcas Mac Matha**
1. Cár rugadh Marcas?	
2. Cá bhfuil Marcas ina chónaí?	
3. Cé mhéad deirfiúr atá aige?	
4. Cén dath atá ar a shúile?	
5. Cén sórt duine é?	

B. Fógra

Éist go cúramach leis an bhfógra agus freagair na ceisteanna a ghabhann leis. Cloisfidh tú an taifeadadh faoi dhó.

1. Cén pictiúr a théann leis an bhfógra seo? ☐

2. Cad ba chóir duit a dhéanamh má fheiceann tú é?

   (a) rith (b) glao a chur ar na Gardaí

   (c) heileo a rá leis (d) cupán tae a cheannach dó ☐

C. Píosa Nuachta

CD 2 Traic 8

Éist go cúramach leis an bpíosa nuachta agus freagair na ceisteanna a ghabhann leis. Cloisfidh tú an taifeadadh faoi dhó.

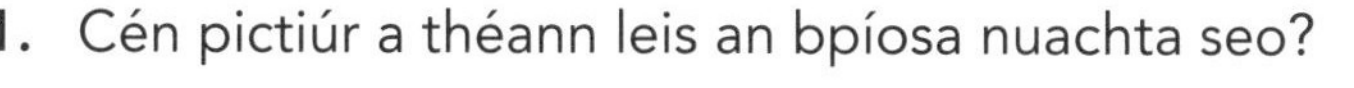

1. Cén pictiúr a théann leis an bpíosa nuachta seo? ☐

A

B

C

D

2. Cén aois a bheidh ag na haisteoirí atá á lorg?

   (a) idir 12 agus 14 (b) idir 12 agus 15

   (c) idir 11 agus 13 (d) idir 11 agus 14 ☐

D. Comhrá

CD 2 Traic 9

Éist go cúramach leis an gcomhrá agus freagair na ceisteanna a ghabhann leis. Cloisfidh tú an taifeadadh faoi dhó.

1. Cén pictiúr a théann leis an gcomhrá seo? ☐

A

B

C
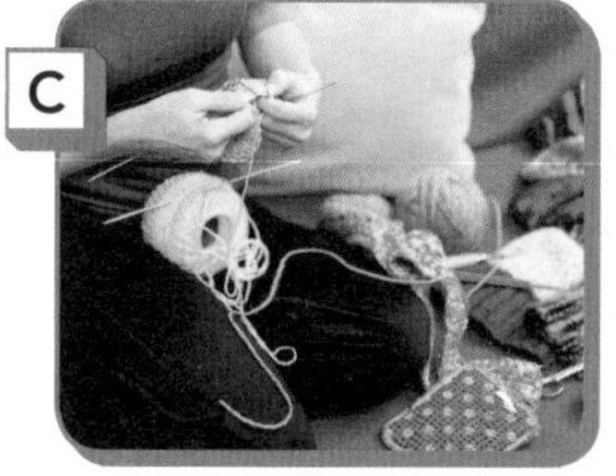

D

2. Cén aois a bhí ag Laura nuair a thosaigh sí ag dearadh aipeanna?

   (a) thart ar 5 nó 6 bliana d'aois (b) thart ar 7 nó 8 mbliana d'aois

   (c) thart ar 8 nó 9 mbliana d'aois (d) thart ar 9 nó 10 mbliana d'aois ☐

Trialacha Cluastuisceana

Caibidil 3: M'Áit Chónaithe

Script: leathanach 132

A. Cainteoir

Éist leis an gcainteoir seo agus líon isteach an t-eolas atá á lorg sa ghreille thíos. Cloisfidh tú an taifeadadh faoi dhó.

Ainm	**Yvonne Nic Eoin**
1. Cén sórt tí ina bhfuil Yvonne ina cónaí?	
2. Cá bhfuil an teach suite?	
3. Cé mhéad seomra leapa atá thuas staighre?	
4. Cé mhéad seomra folctha atá thíos staighre?	
5. Cén seomra is fearr léi?	

B. Fógra

Éist go cúramach leis an bhfógra agus freagair na ceisteanna a ghabhann leis. Cloisfidh tú an taifeadadh faoi dhó.

1. Cén pictiúr a théann leis an bhfógra seo? ☐

A

B

C

D

2. Cé mhéad euro a thairg an t-aisteoir cáiliúil, Nicki Simpson, ar an gcaisleán?

   (a) €1,000,000 (b) €2,000,000

   (c) €3,000,000 (d) €4,000,000 ☐

C. Píosa Nuachta

Éist go cúramach leis an bpíosa nuachta agus freagair na ceisteanna a ghabhann leis. Cloisfidh tú an taifeadadh faoi dhó.

1. Cén pictiúr a théann leis an bpíosa nuachta seo?

2. Cé mhéad buirgléir atá á lorg ag na Gardaí?

(a) beirt (b) triúr (c) ceathrar (d) cúigear

D. Comhrá

Éist go cúramach leis an gcomhrá agus freagair na ceisteanna a ghabhann leis. Cloisfidh tú an taifeadadh faoi dhó.

1. Cén pictiúr a théann leis an gcomhrá seo?

2. Cathain a bheidh Ethna ar ais i nDún na nGall?

(a) Déardaoin (b) Dé hAoine

(c) Dé Sathairn (d) Dé Domhnaigh

Caibidil 4: Mo Cheantar

Script: leathanach 134

A. Cainteoir

Éist leis an gcainteoir seo agus líon isteach an t-eolas atá á lorg sa ghreille thíos. Cloisfidh tú an taifeadadh faoi dhó.

Ainm	**Wayne Mac Cathmhaoil**
1. Cá bhfuil Wayne ina chónaí?	
2. An maith le Wayne a cheantar?	
3. Cé mhéad páirc imeartha atá ina cheantar?	
4. Cá dtéann Wayne go minic?	
5. Cén fáth a dtaitníonn an margadh feirmeoirí leis?	

B. Fógra

Éist go cúramach leis an bhfógra agus freagair na ceisteanna a ghabhann leis. Cloisfidh tú an taifeadadh faoi dhó.

1. Cén pictiúr a théann leis an bhfógra seo? ☐

2. Cé mhéad siopa éadaí a bheidh san ionad siopadóireachta?
   (a) siopa éadaí amháin (b) dhá shiopa éadaí
   (c) ceithre shiopa éadaí (d) trí shiopa éadaí ☐

C. Píosa Nuachta

CD 2 Traic 16

Éist go cúramach leis an bpíosa nuachta agus freagair na ceisteanna a ghabhann leis. Cloisfidh tú an taifeadadh faoi dhó.

1. Cén pictiúr a théann leis an bpíosa nuachta seo? ☐

A B

C

D

2. Cá mbeidh an chríochlíne?

(a) Aerfort Bhaile Átha Cliath (b) An tSráid Mhór

(c) Bóthar Bhaile Átha Cliath (d) Sráid an Droichid ☐

D. Comhrá

CD 2 Traic 17

Éist go cúramach leis an gcomhrá agus freagair na ceisteanna a ghabhann leis. Cloisfidh tú an taifeadadh faoi dhó.

1. Cén pictiúr a théann leis an gcomhrá seo? ☐

A

B

C

D

2. Cén post a bheidh ag Mícheál?

(a) garda slándála (b) ceoltóir

(c) péintéir aghaidheanna (d) ealaíontóir ☐

Trialacha Cluastuisceana

Caibidil 5: Caithimh Aimsire

Script: leathanach 136

A. Cainteoir

Éist leis an gcainteoir seo agus líon isteach an t-eolas atá á lorg sa ghreille thíos. Cloisfidh tú an taifeadadh faoi dhó.

Ainm	**Póilín Nic Pháidín**
1. Ainmnigh **dhá** chaitheamh aimsire atá ag Póilín.	(i) (ii)
2. Cén caitheamh aimsire is fearr léi?	
3. Cén club ríomhaireachta a bhfuil sí ina ball de?	
4. Cá mbíonn na seisiúin ríomhaireachta ar siúl?	
5. Tá suíomh gréasáin aici. Cén seoladh atá ann?	

B. Fógra

Éist go cúramach leis an bhfógra agus freagair na ceisteanna a ghabhann leis. Cloisfidh tú an taifeadadh faoi dhó.

1. Cén pictiúr a théann leis an bhfógra seo? ☐

A

B

C

D

2. Cé mhéad atá ar thicéid? ☐

   (a) €20 (b) €30 (c) €40 (d) €50

C. Píosa Nuachta

Éist go cúramach leis an bpíosa nuachta agus freagair na ceisteanna a ghabhann leis. Cloisfidh tú an taifeadadh faoi dhó.

1. Cén pictiúr a théann leis an bpíosa nuachta seo?

A 

B 

C 

D 

2. Cén dá bhaile ina scannánófar na radhairc aicsin?
   (a) An Uaimh agus Ráth Chairn (b) Ceanannas agus An Uaimh
   (c) Ráth Chairn agus Baile Ghib (d) Teamhair agus Baile Ghib

D. Comhrá

Éist go cúramach leis an gcomhrá agus freagair na ceisteanna a ghabhann leis. Cloisfidh tú an taifeadadh faoi dhó.

1. Cén pictiúr a théann leis an gcomhrá seo?

A 

B 

C 

D 

2. Cathain a bheidh an première ar siúl?
   (a) oíche amárach (b) maidin amárach
   (c) i gceann dhá lá (d) i gceann seachtaine

Caibidil 6: Spórt

Script: leathanach 138

A. Cainteoir

Éist leis an gcainteoir seo agus líon isteach an t-eolas atá á lorg sa ghreille thíos. Cloisfidh tú an taifeadadh faoi dhó.

Ainm	**Caolán Ó Faoláin**
1. Cén caitheamh aimsire is fearr le Caolán?	
2. Cén spórt a imríonn sé san fhómhar agus sa gheimhreadh?	
3. Cén **dá** spórt a imríonn sé san earrach agus sa samhradh?	(i) (ii)
4. Cé mhéad cluiche a bhuaigh foireann rugbaí na scoile i mbliana?	

B. Fógra

Éist go cúramach leis an bhfógra agus freagair na ceisteanna a ghabhann leis. Cloisfidh tú an taifeadadh faoi dhó.

1. Cén pictiúr a théann leis an bhfógra seo? ☐

A 

B 

C 

D 

2. Cé mhéad atá ar thicéid? ☐

   (a) €20 (b) €30 (c) €40 (d) €50

C. Píosa Nuachta

Éist go cúramach leis an bpíosa nuachta agus freagair na ceisteanna a ghabhann leis. Cloisfidh tú an taifeadadh faoi dhó.

1. Cén pictiúr a théann leis an bpíosa nuachta seo? ☐

2. Cé mhéad a chosnaíonn ballraíocht bhliantúil do dhaoine fásta agus daoine óga?

   (a) €500/€400 (b) €500/€200

   (c) €500/€300 (d) €500/€100 ☐

D. Comhrá

Éist go cúramach leis an gcomhrá agus freagair na ceisteanna a ghabhann leis. Cloisfidh tú an taifeadadh faoi dhó.

1. Cén pictiúr a théann leis an gcomhrá seo? ☐

2. Cén áit a bhfuil na clogaid, na camáin agus na sliotair?

   (a) an bus scoile (b) páirc imeartha na scoile

   (c) an halla spóirt (d) an seomra trealaimh ☐

Caibidil 7: Sláinte agus Bia

Script: leathanach 140

A. Cainteoir

Éist leis an gcainteoir seo agus líon isteach an t-eolas atá á lorg sa ghreille thíos. Cloisfidh tú an taifeadadh faoi dhó.

Ainm	Clár Nic Ruairc
1. Cén tslí bheatha atá ag Clár Nic Ruairc?	
2. Cén cineál bia is fearr le Clár?	
3. Cén cineál bia ba chóir duit a ithe?	(i) (ii)
4. Cén cineál bia nár chóir duit a ithe?	

B. Fógra

Éist go cúramach leis an bhfógra agus freagair na ceisteanna a ghabhann leis. Cloisfidh tú an taifeadadh faoi dhó.

1. Cén pictiúr a théann leis an bhfógra seo? ☐

2. Cé mhéad freastalaí agus cócaire atá á lorg?
   (a) beirt freastalaithe agus beirt chócairí
   (b) triúr fhreastalaithe agus beirt chócairí
   (c) ceathrar freastalaithe agus beirt chócairí
   (d) cúigear freastalaithe agus beirt chócairí

C. Píosa Nuachta

Éist go cúramach leis an bpíosa nuachta agus freagair na ceisteanna a ghabhann leis. Cloisfidh tú an taifeadadh faoi dhó.

1. Cén pictiúr a théann leis an bpíosa nuachta seo?

A 

B 

C 

D 

2. Cén dath atá ar sciorta agus ar bhuataisí na mná seo?

   (a) ór (b) dearg (c) gorm (d) donn

D. Comhrá

Éist go cúramach leis an gcomhrá agus freagair na ceisteanna a ghabhann leis. Cloisfidh tú an taifeadadh faoi dhó.

1. Cén pictiúr a théann leis an gcomhrá seo?

A 

B 

C 

D 

2. Cad a cheannaíonn Harry agus cad a cheannaíonn Eilís sa siopa cístí?

   (a) Harry: traidhfil; Eilís: toirtín seacláide

   (b) Harry: toirtín triacla; Eilís: traidhfil

   (c) Harry: traidhfil; Eilís: toirtín triacla

   (d) Harry: toirtín seacláide; Eilís: toirtín triacla

Script Éisteachta: An Téacsleabhar

Tagraíonn uimhreacha na leathanach don téacsleabhar sa script éisteachta seo.

Caibidil 1: Mo Scoil Nua

Leathanach 4

Mo Sheomra Ranga

a haon – leabhragán; a dó – cathaoir; a trí – ríomhaire; a ceathair – deasc; a cúig – radaitheoir; a sé – póstaer; a seacht – clár bán idirghníomhach; a hocht – balla; a naoi – fuinneog; a deich – cóipleabhar; a haon déag – bosca bruscair; a dó dhéag – scuab urláir; a trí déag – obair bhaile; a ceathair déag – príomhoide; a cúig déag – múinteoir; a sé déag – dallóg

Leathanach 12

An Lá Scoile

a sé a chlog; ceathrú tar éis a seacht; leathuair tar éis a hocht; ceathrú chun a naoi; deich chun a deich; deich tar éis a deich; deich tar éis a haon déag; ceathrú chun a dó dhéag; meán lae; meán oíche

Leathanach 20

An Éide Scoile

Julie Is mise Julie. Is maith liom m'éide scoile. Is breá liom na dathanna: geansaí liath agus sciorta dearg.

Matthias Haigh. Is mise Matthias. Tá mo chulaith scoile go deas, chun an fhírinne a rá. Caithim geansaí dúghorm, bríste liath, léine ghorm agus bróga dubha.

Pádraig Haigh, is mise Pádraig. Is fuath liom éidí scoile. Buíochas le Dia, ní chaithimid éide scoile i mo scoil. Caithim jíons, húdaí agus bróga spóirt.

Eva Is mise Eva. Ó, tá m'éide scoile uafásach agus gránna. Is fuath liom é. Caithim geansaí liath, bríste liath, léine liath, carbhat liath agus bróga dubha. Déistineach!

Leathanach 21

Rialacha na Scoile

Candaí Haigh. Is mise Candaí. Tá a lán rialacha inár scoil. Is maith liom an cosc ar an mbulaíocht. Tá sé an-tábhachtach.

Piaras Haigh. Piaras is ainm dom. Is fuath liom na rialacha. Creid nó ná creid, níl fáinní cluaise ceadaithe! Tá sé craiceáilte.

Donna Hé. Is mise Donna. Tá an éide scoile gránna. Donn agus donn! An gcreidfeá! Geansaí donn, sciorta donn, carbhat donn ... Euch, is gráin liom é.

Horatio Dia dhaoibh. Horatio is ainm dom. Caithfidh tú obair bhaile a dhéanamh gach oíche. Caithfidh tú obair bhaile a dhéanamh go cruinn agus go néata. Is aoibhinn liom obair bhaile.

Leathanach 27

Cluastuiscint

An Chéad Chainteoir

Aoibh Nic Ruairc is ainm dom. Rugadh i dTír Eoghain mé. Tá mise agus mo dheartháir óg ag freastal ar Phobalscoil Naomh Eoin. Scoil mheasctha is ea an phobalscoil seo. Tá mé féin sa dara bliain. Táim ag déanamh staidéir ar cheithre ábhar déag i mbliana. Is é an Corpoideachas an t-ábhar is fearr liom. Ní bhíonn sé leadránach riamh.

Leathanach 27

An Dara Cainteoir

Cén scéal, a chairde? Roibeárd Breathnach an t-ainm atá orm. Tá mise ag freastal ar Choláiste De La Salle sa Longfort. Tá áiseanna iontacha againn anseo. Tá seomra ceoil agus seomra ealaíne iontach againn. Tá áiseanna spóirt iontacha againn freisin, mar shampla, tá cúirt chispheile agus páirc pheile againn. Tá an éide scoile ceart go leor: caithimid geansaí dúghorm, carbhat agus bríste liath.

Script Éisteachta: An Téacsleabhar

Caibidil 2: Mé Féin, Mo Theaghlach agus Mo Chairde

Leathanach 49

Ré Nua Códóirí

1. Is cailín éirimiúil í Anvitha.
2. Is buachaill cliste é Haris.
3. Is buachaill cairdiúil é Cormac.
4. Is cailín féinmhuiníneach í Anvitha.
5. Is buachaill cruthaitheach é Cormac.

Leathanach 57

Cluastuiscint

An Chéad Chainteoir

Maud is ainm dom. Rugadh i Sasana mé ach tá mé i mo chónaí i mBaile Átha Cliath anois. Tá deirfiúr amháin agam. Kathleen is ainm di. Tá leasdeirfiúr agam freisin. Eileen is ainm di. Tá gruaig rua orm agus tá súile gorma agam. Tá mé cabhrach agus cineálta.

Leathanach 57

An Dara Cainteoir

Dia dhaoibh. Is mise Pádraig. Rugadh i mBaile Átha Cliath mé. Tá deartháir amháin agam agus tá beirt deirfiúracha agam. Tá gruaig dhonn orm agus tá súile glasa agam. Is í an Ghaeilge an t-ábhar is fearr liom.

Caibidil 3: M'Áit Chónaithe

Caisleán Crawford

Sadhbh	Ó, is aoibhinn liom an gairdín.
Tadhg	An bhfuil garáiste ann?
Máire	Ó, cinnte. Tá trí gharáiste anseo. Tagaigí isteach.
	Seo an bunurlár. Tá cúig sheomra ar an urlár seo. Tá cistin, seomra suí, dhá sheomra folctha agus leabharlann.
Tadhg	Leabharlann?!
Máire	'Sea, leabharlann. Le haghaidh leabhar.
Sadhbh	An féidir liom an chistin a fheiceáil?
Máire	Cinnte. Leanaigí mé.
Sadhbh	Ó, tá an chistin go hálainn.
Máire	Tá, tá. Téimis suas staighre.
	Tá ocht seomra ar an urlár seo. Tá ceithre sheomra leapa, dhá sheomra folctha, oifig agus seomra cluichí.
Tadhg	Seomra cluichí?!
Máire	'Sea. Le haghaidh cluichí.
Sadhbh	Bhuel, caithfidh mé a rá go bhfuil sé go hálainn.
Máire	Tá sé go hálainn. Anois, téimis suas go dtí an dara hurlár.
	Tá trí sheomra codlata ar an urlár seo freisin.
Sadhbh	Go deas. An féidir linn an tríú hurlár a fheiceáil?
Máire	Ó, ní féidir. Tá sin dúnta.
Tadhg	Dúnta?
Máire	'Sea. Dúnta. Níl cead dul ann.

Mo Chistin

Sláine

Bhuel, an chéad rud a fheicim ná an buidéal cóla agus an císte! Ag am bricfeasta? Déistineach. Ní maith liom sin. Agus brioscaí freisin? Euch. Déistineach freisin. Ar an lámh eile, is maith liom an toradh. Tá sé folláin. Agus is aoibhinn liom bainne agus leite.

An Gadaí

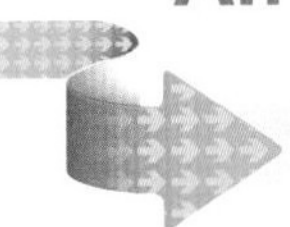

Téigh chuig www.educateplus.ie/resources/turas chun féachaint ar an ngearrscannán.

Feictear Aoife taobh amuigh agus í ag gearradh bláthanna chun iad a ghoid ó chomharsa léi. Tá sí chun na bláthanna a thabhairt dá deirfiúr atá go dona tinn.

Aoife: Fiona, beir air seo! Fiona?

Bean an Tí: Hé, stop, a ghadaí! Tar ar ais anseo, fan go mbéarfaidh mise ortsa. Cuirfidh mé fios ar na gardaí, a ghadaí lofa!

Feictear Aoife ag rith ar ais go dtí a hárasán go tapa thart lena cara, Aoife, agus a comharsa nua, Carmel. Léiríonn sí go bhfuil fearg uirthi le hAoife.

Carmel *(Comharsa)*: Cúramach anois leis an gceann sin… Seachain!

Aoife: Brón orm!

Carmel: An dtabharfaidh tú cúnamh dom leo seo?

Aoife: Tá deifir orm.

Carmel: Ó, nach deas iad na comharsana a bheas agam.

Feictear Aoife arís san árasán agus í ag caint lena Daid agus lena deirfiúr. Cloistear a deirfiúr ag casachtach.

Daid: Tá tú mall. Tá súil agam nach bhfuil tú i dtrioblóid aríst. An bhfuair tú an prescription?

Aoife: Fuair.

Daid: Ar phioc tú suas obair bhaile an chailín seo?

Aoife: Phioc.

Daid: Críochnaigh thusa é seo, Caithfidh mise dhul ag obair… Agus, a chailíní…

Deirdre: Ná corraígí agus bígí cinnte go nglanfaidh cuairteoirí a lámha.

Aoife: Tá a fhios againn Daid.

Daid: No. Ná bíodh aon chuairteoirí agaibh.

Aoife: Ach níl sé sin féaráilte!

Daid: Goile (Gabh i leith), an bhfuil sibh ag iarraidh an tsaoire seo a chur i mbaol, an bhfuil? Ní theastaíonn aon ghalar anois uainn. Tá mé ag brath ortsa, a Aoife. Tá a fhios agat cé chomh tábhachtach is atá an tsaoire seo. Teastaíonn an vitimín D uaithi le haghaidh an gheimhridh… Ó agus dean cinnte go ndéanann Deirdre a cuid cleachtaí coirp.

Aoife: Breathnaigh a bhfuair mé!

Buaileann fón an tí. Fiona, cara Aoife, atá ann.

Aoife: Yeah?

Fiona: Scaoil isteach mé.

Aoife: Ní féidir liom.

Fiona: Mar gheall ar níos luaithe? Tá brón orm, a Aoife. Come on, just scaoil isteach mé.

Aoife: Tá muid ar lockdown anseo. Tiocfaidh mise anuas chugat.

Deirdre: Níl cead agat dul amach.

Aoife: Níl mé ach ag dul amach le soicind.

Téann Aoife síos chuig Fiona agus labhraíonn siad le chéile ar an staighre.

Aoife: Bhuel?

Fiona: Bhí daoine ag breathnú orm.

Aoife: Yeah, d'fhág tú liom féin mé!

Fiona: Ó, come on Aoife! Beidh sí sin okay léi féin ar feadh uair a chloig. I mean, tá a fhios agam go bhfuil sí speisialta, ach…

Aoife: Níl sí speisialta, tá cystic fibrosis aici!

Fiona: Look, beidh tú in ann an fhuinneog a fheiceáil… Ó come on, beidh chuile dhuine ann agus ní déarfaidh sise tada.

Aoife: Á, níl a fhios agam. Maróidh Daid mé má fhaigheann sé amach.

Carmel: Céard atá ar siúl agaibhse ansin, hé? Imígí libh amach as.

Fiona: So?

Aoife: Coinnigh ort. Feicfidh mé amárach thú.

Carmel: Seachain an doras!

Feictear Deirdre agus Aoife ar ais san árasán. Tá Deirdre ag tabhairt bia do na héisc órga agus tá Aoife ag tabhairt bia do na héin. Feictear Deirdre ag déanamh a cuid cleachtaí coirp. Chomh maith leis sin, feictear Aoife ag caint le Deirdre agus í ag iarraidh uirthi a chuid cógas a chaitheamh.

Carmel: Seachain an tsíleáil!

Deirdre: Tá tú sa mbealach orm.

Aoife: An ndearna tú do chuid obair bhaile?

Deirdre: Hé?

Aoife: Bhuel, an ndearna tú é?

Deirdre: Ní fiú dom í a dhéanamh. Ní bheidh mé ar ais ar scoil ar feadh ages.

Aoife: Bhuel, ní féidir leat suí ar do thóin ag breathnú ar chartúin an lá ar fad, an féidir?

Deirdre: Ssshh!

Aoife: Seo, tóg iad… An bhfuil tú ag iarraidh dul ar ais chuig an ospidéal, an bhfuil?

Deirdre: Lig dom!

Aoife: Tóg iad, le do thoil. Cuimhnigh ar Daid, tá mórán struis air, mar atá sé.

Feictear Deirdre ina seomra. Féachann sí ar an líon mór bronntanas a ghoid Aoife di. Féachann Aoife amach an fhuinneog ar an scata déagóirí amuigh sa charrchlós. Tá Carmel ag iarraidh go n-imeoidís.

Déagóir: Coinnigh ort é.

Carmel: Imígí libh amach as an áit seo! Come on, sibhse, imígí libh! Come on!

Fiona: Ní raibh muid ag déanamh tada.

Carmel: Tá sibh ag déanamh go leor. Tá sibh in bhur suí ar mo charrsa… sibhse, scram.

Déagóir: Tóg go bog é, 'Seachain'!

Fiona: Ah, frigeáil leat anyway!

Carmel: Ó, a leithéid de theanga.

Fiona: Yeah, yeah, whatever. 'Seachain'.

Carmel: Déagóirí an lae inniu…

Feictear Aoife in éineacht le Fiona agus iad ag caint ar an staighre. Tagann Carmel amach ag lorg cabhrach. Cuireann Aoife níos mó aithne uirthi.

Fiona: Geallaim go bhfanfaidh mé leat an chéad uair eile.

Carmel: Seachain an doras!

Aoife: Ní cheapfainn… Beidh Daid ar mo thóir go luath ar aon chaoi.

Fiona: Come on, goile uait, a Aoife, agus, hé, is féidir linn rud eicínt deas a fháil do Dheirdre.

Aoife: Ní dóigh liom é, Fee… Seo chugainn 'Seachain'.

Carmel: Ó! Is cosúil nach bhfuil deifir ar bith inniu ort. Bhuel, is féidir leat a theacht isteach anseo anois agus cúnamh a thabhairt domsa. Fág seo.

Imíonn Fiona. Téann Aoife isteach.

Carmel: Cén t-ainm atá ort?

Aoife: Aoife.

Carmel: Bhuel a Aoife, féadfaidh tú an bosca sin a thabhairt amach chugam. An bhfuil tú ag tíocht?

Feictear Aoife ag cabhrú léi agus í ag ullmhú a hárasáin nua.

Carmel: Ah, leag ansin é, más é do thoil é… Ah, fuair muid é sin sa tSín, i bPálás Ming.

Aoife: Céard faoi seo?

Carmel: Och! Fuair muid é sin san Afraic… i mbaile beag álainn.

Aoife: Cad é seo?

Carmel: Ó yeah, an maith leat é sin?
Seachain an ceann sin anois.
Tá an ceann sin luachmhar.

Leanann Carmel agus Aoife orthu ag caint. Cloistear 'Sin agat é', 'Breathnaigh', 'Ó is maith liom é seo', srl.

Carmel:	Bronntanas nuair a phós muid.
Aoife:	Céard faoi seo?
Carmel:	Lourdes!
Aoife:	Gheobhaidh mé ceann eile. Céard faoi na pictiúirí seo?
Carmel:	Fág iad sin.
Aoife:	Nach bhfuil tú ag dul iad a chrochadh?
Carmel:	Níl.
Aoife:	Cén fáth? Cén mhaith iad a bheith agat mura bhfeiceann daoine iad?
Carmel:	Agus cén fáth nach gcoinníonn tusa do ladar amach as?
Aoife:	Caithfidh mise imeacht.

Fágann Aoife go tapa i ndiaidh do Charmel a bheith borb léi. Ach goideann sí pictiúr uaithi lena chois. Téann sí suas staighre agus buaileann sí lena hathair atá ag dul ag an obair arís. Tá Deirdre fágtha faoi chúram Aoife.

Daid:	Aoife?
	(Ar an bhfón) Yeah yeah, tá mé ar fáil, yeah, beidh mé ansin gan mhoill, slán slán.
Daid:	Buíochas le Dia go bhfuil tú anseo. Cúpla uair a chloig breise faighte agam ón obair.
Aoife:	Iontach…
Daid:	An bhfuil tusa ceart go leor?
Aoife:	Tá! Lean ort… Is gearr go mbeidh muid ag ól mojitos ar an trá!
Daid:	Beidh, nuair a bheas tú ocht mbliana déag…
Aoife:	Yeah, ní raibh mé ach ag magadh, Daid. Coinnigh ort.
Daid:	Tá an banphrionsa cineáilín cantalach inniu. Triail giúmar níos fearr a chur uirthi ná mar a chuir mise.

Tugann Aoife an pictiúr a ghoid sí do Dheirdre ina seomra codlata. Tá drochghiúmar ar Dheirdre.

Aoife:	Nach dtaitníonn sé leat?
Deirdre:	Taitníonn.
Aoife:	Ó bhuel, céard faoi do leagan fhéin a dhéanamh de?
Deirdre:	Aoife, cén fáth a bhfuil cead agamsa fry is chips agus níl cead ag Daid?
Aoife:	Bhuel, em, tá cholesterol ard ag Daid. Agus tá sé go dona dhá chroí.
Deirdre:	Agus céard faoi mo chroí?
Aoife:	Bhuel, déanfaidh sé maitheas duitse.
Deirdre:	No!

Aoife: Bhuel, caithfidh tú iad a thógáil!

Deirdre: Mhill tú mo phictiúr!

Aoife: Ó, brón orm.

Feictear gasúir amuigh sa charrchlós ag magadh faoi Charmel. Tá Carmel ag cur bruscair sna haraidí rothaí.

Gasúr 1: Seachain!

Gasúr 2: Slán 'Seachain'!

Feiceann Aoife go bhfuil Deirdre gafa leis an bpéintéireacht; socraíonn sí éalú amach ar feadh tamaillín. Ansin, feictear Aoife agus Fiona ag siúl thart ar na seantithe. Baineann Aoife taitneamh as a bheith ag amharc ar sheanphíosa adhmaid; samhlaíonn sí go bhfuil pictiúr aoibhinn ann. Ní aontaíonn Fiona léi.

Aoife: Tá sé cosúil le pictiúr, nach bhfuil? Nach bhfeiceann tú é?

Fiona: Cén scaile atá ort? Ní fheiceann mise ach píosa adhmaid brocach.

Aoife: Ach breathnaigh, tá sé glas cosúil le garraí thíos anseo… agus sin na sléibhte, agus sin na scamaill ansin.

Fiona: Tá i bhfad an iomarca ama caite agat san árasán sin.

Feictear Aoife ar ais ag an árasán agus buaileann sí le Carmel ar an staighre. Tá Carmel ag iarraidh labhairt léi faoi na pictiúir. Tá sí ag lorg cuidiú chun iad a chrochadh.

Carmel: Seachain an doras.

Hé, tá mé ag iarraidh dhá fhocal a bheith agam leat faoi na pictiúir.

Aoife: Eh…

Carmel: Goile isteach, nóiméad.

Téann Aoife isteach in árasán Charmel.

Carmel: Breathnaigh, a Aoife, tá a fhios agam go raibh mé cineál borb leat inné, ach shíl mé go raibh tú cosúil leis na déagóirí eile atá thart anseo. Ach chuir tú ag cuimhneamh orm fhéin mé… tá an ceart ar fad agat. Ní ceart iad a bheith coinnithe i bhfolach agam. An dtabharfaidh tú cúnamh dom iad a chrochadh?

Aoife: Em, caithfidh mé a rá le Daid go bhfuil me thíos anseo. Beidh mé ar ais i gceann cúig nóiméad.

Feictear Aoife ar ais san árasán ag lorg an phictiúir a ghoid sí. Fad is atá sí á dhéanamh sin, aithníonn Carmel go bhfuil ceann de na pictiúir goidte.

Daid: Aoife? Tá an dinnéar beagnach réidh.

Aoife: Okay Daid.

Ní féidir le hAoife an pictiúr a aimsiú. Ansin, feiceann sí pictiúr a tharraing Deirdre.

Aoife: Daid, cá bhfuil Deirdre?

Daid: Tá sí thiar sa seomra codlata.

Aoife: Ó, cac!

Tagann Carmel isteach in árasán theaghlach Aoife féachaint cá bhfuil sí. Aithníonn Aoife ó phictiúir Dheirdre go bhfuil sí imithe ó bhaile – go dtí an fharraige, b'fhéidir – agus léimeann sí amach an fhuinneog agus téann sí á cuardach ar an trá. Aithníonn an t-athair é seo freisin agus ní bhíonn sé i bhfad ag cuardach na gcailíní.

Carmel: Cá bhfuil sí?

Daid: Hé! Níl aon chead agatsa isteach anseo!

Carmel: Ghoid sí pictiúr uaim, thíos staighre. Beidh mise ag caint le na Gardaí fúithi. A leithéid de dhánaíocht ag goid ó phinsinéir... Bhí Aoife ag cóipeáil mo phictiúir!

Daid: Ba í Deirdre a rinne iad sin.

Carmel: Ach cé hí...?

Daid: Is cuma liomsa faoi do phictiúr, tá Deirdre ar an taobh amuigh agus níor cheart di bheith amuigh agus í tinn.

Fágtar Carmel san árasán. Faigheann sí amach cé chomh tinn is atá Deirdre.

Aoife: Deirdre! Deirdre!

Feictear Aoife amuigh ag rith ar thóir Dheirdre. Faoi dheireadh, faigheann sí í ar thalamh garbh gar don trá léi féin. Níl siad ansin i bhfad go dtagann a n-athair chucu.

Deirdre: An bhfuil mé i dtrioblóid?

Aoife: Níl.

Deirdre: Bhí mé bored ag cóipeáil an phictiúir chéanna. Bhí mé ag iarraidh ceann nua a dhéanamh. Ach níl aon phictiúr anseo.

Aoife: Beidh tú in ann neart péinteála a dhéanamh ar saoire.

Deirdre: Yea, ach sin mí ó seo.

Aoife: Ó níl tú ag dul in aon áit má tá tú tinn.

Daid: Hé! Céard atá tú a dhéanamh taobh amuigh? An bhfuil tú craiceáilte, an bhfuil?

Aoife: Fág í. Tá sí togha. Ní raibh sí amuigh i bhfad.

Daid: Agus tusa ag goid arís. Tá an bhean sin ag cur fios ar na Gardaí.

Aoife: So? Tá an teach cosúil le príosún, ar aon chaoi.

Daid: Níl mé ag iarraidh ach thú a bheith ag comhoibriú, a Aoife.

Aoife: Oscail do shúile, Daid. Tá rudaí imithe chun donais ó cailleadh Mam.

Deirdre: Stop, a Aoife! Ná déan cholesterol Daid níos measa. Má tharlaíonn aon rud dó, beidh orainn dul chun cónaí le daoine eile.

Daid: Ná bíodh imní ort, a stóirín, níl mise ag dul áit ar bith.

Téann an teaghlach abhaile agus feictear Aoife réidh leis an bpictiúr a thabhairt ar ais do Charmel. Éisteann sí le comhairle a hathar chun fanacht, áfach. Deir sé go rachaidh siad isteach le chéile níos déanaí. Filleann siad ar a n-árasán féin agus feiceann siad go bhfuil an seomra gléasta le pictiúir Charmel.

Daid: Fan. Cuirfidh muid Deirdre suas ar dtús agus labhróidh an bheirt againn léi, le chéile.

Deirdre: Wow!

Daid: An raibh siógaí istigh anseo nó rud eicínt?

Deirdre: Féach, a Aoife, nach bhfuil sé go hiontach?

Carmel: Seachain an tsíleáil!

Deirdre: Daid, an féidir liom tosnú anois?

Ligeann athair Aoife di dhul amach chun am a chaitheamh lena cuid cairde. Ritheann sí síos an staighre agus amach an doras. Glaonn Carmel amach 'Seachain an doras!' ach seachnaíonn Aoife an doras an uair seo. Tosaíonn sí ag damhsa leis na cailíní.

Daid: Cén fáth nach dtéann tusa amach in éineacht le do chuid cairde ar feadh píosa?

Aoife: Dáiríre?

Daid: Coinnigh ort.

Carmel: Seachain an... doras!

Fiona: Aoife! Come on! Goile uait!

Déagóir: Tosnóidh muid ag dul arís, alright?

Déagóirí: A haon, dó, trí!

Aoife: Okay, no, caithfidh muid tosnú arís!

Déagóirí: A haon, dó, trí!

CRÍOCH

Leathanach 85

Cluastuiscint

Fógra

An bhfuil suim agat san Ealaín? Bhuel, cuir isteach ar Chomórtas Ealaíne na Meánscoileanna. An téama atá ann don chomórtas seo ná 'M'Áit Chónaithe'. Tá duaiseanna den chéad scoth le buachan. Is é 7 Eanáir an spriocdháta d'iarratas.

Leathanach 85

Píosa Nuachta

Tá Conor McGregor tar éis tigh nua a cheannach i gCill Dara. D'íoc sé dhá mhilliún as an tigh. Tá ceithre sheomra leapa agus dhá sheomra folctha sa tigh, chomh maith le cistin nua-aimseartha, seomra suí, seomra cluichí agus linn snámha. Dar ndóigh, tá spás sa gharáiste dá BMW, Cadillac agus Range Rover.

Caibidil 4: Mo Cheantar

Leathanach 90

Mo Bhaile Mór

a haon – banc; a dó – bialann; a trí – club óige; a ceathair – séipéal; a cúig – pictiúrlann; a sé – ionad siopadóireachta; a seacht – margadh feirmeoirí; a hocht – oifig an phoist; a naoi – siopa caife; a deich – ospidéal; a haon déag – páirceanna imeartha; a dó dhéag – stáisiún dóiteáin; a trí déag – stáisiún na nGardaí; a ceathair déag – óstán; a cúig déag – ionad fóillíochta

CD 1 Traic 28 Leathanach 102

Treoracha san Ionad Siopadóireachta

Comhrá a hAon

Aoife Gabh mo leithscéal, an féidir leat cabhrú liom? Tá mé ag lorg treoracha.

Garda slándála Is féidir, cinnte.

Aoife Cá bhfuil an siopa spóirt?

Garda slándála Ó, tá sé an-éasca. Téigh suas an staighre beo sin. Feicfidh tú an siopa spóirt ar do chlé.

Aoife Go raibh maith agat!

Leathanach 102

Comhrá a Dó

Ruairí Gabh mo leithscéal, an féidir leat cabhrú liom? Tá mé ag lorg treoracha.

Garda slándála Is féidir, cinnte.

Ruairí Cá bhfuil an siopa bróg?

Garda slándála Ó, tá sé an-éasca. Tóg an staighre beo suas go dtí an dara hurlár. Cas ar chlé. Feicfidh tú an siopa ar do dheis.

Ruairí Go raibh maith agat!

Leathanach 102

Comhrá a trí

Eva Gabh mo leithscéal, an féidir leat cabhrú liom? Tá mé ag lorg treoracha.

Garda slándála Is féidir, cinnte.

Eva Conas a théim go dtí an gruagaire?

Garda slándála Tóg an staighre beo suas go dtí an chéad urlár. Cas ar dheis, agus siúil díreach ar aghaidh. Feicfidh tú an siopa ar do chlé.

Eva Míle buíochas!

 Leathanach 103

Treoracha sa Bhaile Mór

Comhrá a hAon

Hector Gabh mo leithscéal, an féidir leat cabhrú liom? Tá mé ag lorg treoracha.

Garda Is féidir, cinnte.

Hector Cá bhfuil an t-óstán?

Garda Ó, tá sé an-éasca. Téigh síos Sráid na Siopaí. Feicfidh tú é ar do chlé.

Hector Go raibh maith agat!

 Leathanach 103

Comhrá a Dó

Méabh Gabh mo leithscéal, an féidir leat cabhrú liom? Tá mé ag lorg treoracha.

Garda Is féidir, cinnte.

Méabh Conas a théim go dtí an banc?

Garda Ó, tá sé an-éasca. Téigh síos Sráid an Droichid. Ansin, tóg an dara casadh ar chlé. Feicfidh tú é ar do chlé.

Méabh Ceart go leor. An dara clé. Míle buíochas!

 Leathanach 111

Cluastuiscint

An Chéad Chainteoir

Dáibhí Ó Bruadair is ainm dom. Rugadh i gCnoc Rátha i gCorcaigh mé. Is aoibhinn liom Cnoc Rátha. Baile an-bheag atá ann. Níl a lán áiseanna ann. Tá séipéal, bunscoil, halla an phobail agus teach tábhairne ann. Is aoibhinn liom peil. Tá mo chlub peile i nGleann Maghair.

CD 7 Traic 35 Leathanach 111

An Dara Cainteoir

Dia dhaoibh. Is mise Bríd Ní Dhochartaigh. Rugadh mé i bhFánaid i gCo. Dhún na nGall. Is ceantar álainn é Fánaid. Tá go leor áiseanna do thurasóirí anseo. Tá trá álainn agus galfchúrsa anseo. Téim go Leitir Ceanainn chun an tsiopadóireacht a dhéanamh. Tá siopaí de gach saghas ann. Tá siopaí éadaí, siopaí leabhar agus siopaí spóirt ann. Is é an siopa ceoil an siopa is fearr liom. Éistim le popcheol go minic.

Caibidil 5: Caithimh Aimsire

Leathanach 122

Suirbhé

Órla	Cad é an uair dheireanach a d'fhéach tú ar an teilifís?
Liam	Hm, em, aréir sílim, 'sea, aréir. D'fhéach mé ar an teilifís aréir.
Órla	Cad é an uair dheireanach a d'imir tú spórt?
Liam	Ó, em, an tseachtain seo caite. D'imir mé cluiche sacair le mo chairde.
Órla	Cad é an uair dheireanach a chuaigh tú ag siopadóireacht?
Liam	Ní cuimhin liom, le bheith macánta. An mhí seo caite, déarfainn. 'Sea, an mhí seo caite.
Órla	Cad é an uair dheireanach a léigh tú leabhar?
Liam	Inné. Chríochnaigh mé leabhar iontach inné.

Leathanach 137

Do Thodhchaí

Ailbhe	Ceart go leor, a Chris, an bhfuil tú réidh?
Chris	Tá mé réidh.
Ailbhe	Right, an fearr leat a bheith ag féachaint ar an teilifís nó ag blagáil?
Chris	Ag féachaint ar an teilifís, ar ndóigh!
Ailbhe	Ceart go leor. Spórt nó ceol?
Chris	Ceol. Is breá liom a bheith ag éisteacht le rac-cheol agus rapcheol agus popcheol… Agus ceol traidisiúnta, ar ndóigh.
Ailbhe	Riiiight… An fearr leat grianghrafadóireacht nó cluichí ríomhaire?
Chris	Ó, ghrianghrafadóireacht! Ba bhreá liom a bheith i mo ghrianghrafadóir.
Ailbhe	Ha! Tusa! I do ghrianghrafadóir! … Ceart go leor … an fearr leat a bheith ag rith nó ag léamh?
Chris	Hmmm… Is fearr liom a bheith ag léamh.
Ailbhe	Ceart go leor. Cad faoi … rothaíocht nó ealaín?
Chris	Rothaíocht, ar ndóigh! Is aoibhinn liom an Tour de France! Tá sé go hiontach!
Ailbhe	Riiight… An fearr leat a bheith ag féachaint ar na Cluichí Oilimpeacha nó ag féachaint ar Ghradaim Cheoil MTV?
Chris	Ag féachaint ar Ghradaim Cheoil MTV, ar ndóigh!
Ailbhe	Ceart go leor, tá an freagra agam. Ealaíontóir nó múinteoir. Hm, suimiúil…
Chris	Ealaíontóir nó múinteoir? Lig dom féachaint… tá mé cliste agus tá mé cruthaitheach. Bhuel, ní haon bhréag é sin. Táim an-sásta leis sin!

Leathanach 147

Cluastuiscint

Fógra

Ná caill ceolchoirm mhór an tsamhraidh! Beidh an cheolchoirm ar siúl i Staid Semple i nDurlas i dTiobraid Árann. Beidh Kíla, The Bonny Men agus Niteworks ar stáitse. Beidh an cheolchoirm ar siúl ar an deichiú lá de mhí an Mheithimh. Ticéid ar fáil ar www.ceolchoirm.ie. Bí ann!

Leathanach 147

Píosa Nuachta

Bhuaigh Seán Mac Eoin as Dún na nGall gradam mór ríomhaireachta aréir. Dhear Seán aip nua do dhaoine óga. Bhuaigh sé €500 agus trófaí mór.

Caibidil 6: Spórt

Leathanach 158

Áiteanna Spóirt agus Áiseanna Spóirt

Ilona	Haigh, is mise Ilona. Is aoibhinn liom a bheith ag rith. Téim go dtí an raon reatha gach Máirt.
Ciarán	Haigh, is mise Ciarán. Is aoibhinn liom a bheith ag imirt cispheile. Téim go dtí an chúirt chispheile gach Luan agus gach Satharn.
Will	Haigh, is mise Will. Is breá liom a bheith ag snámh. Téim ag snámh sa linn snámha gach Céadaoin agus san fharraige gach Satharn.
Caróilín	Haigh, is mise Caróilín. Is breá liom a bheith ag imirt leadóige. Téim go dtí na cúirteanna leadóige gach lá.

Leathanach 169

Cén Spórt is Fearr Duitse?

Marc	Ceart go leor, a Shíle, an bhfuil tú réidh?
Síle	Tá mé réidh.
Marc	Ar mhaith leat spórt a imirt san uisce nó ar tír?
Síle	Ar tír, gan dabht.
Marc	Ar mhaith leat cluiche liathróide a imirt?
Síle	Ba mhaith.
Marc	Ar mhaith leat raicéad nó maide a úsáid?
Síle	Ba mhaith liom raicéad nó maide a úsáid.
Marc	An bhfuil tú cróga, crua, sciliúil agus tapa?
Síle	Bhuel, táim tapa agus sciliúil.
Marc	Ach níl tú cróga ná crua?
Síle	Níl.
Marc	An bhfuil tú solúbtha agus tapa?
Síle	Tá!
Marc	Ceart go leor. Tá an toradh agam.
Síle	Bhuel, cad é?
Marc	Leadóg!
Síle	Leadóg?
Marc	'Sea, leadóg ... leadóg nó badmantan.
Síle	Badmantan? Hmm. Níl a fhios agam faoi sin. Ceart go leor, cuirfidh mise na ceisteanna ortsa anois.
Marc	Ar aghaidh leat.

Síle	Ar tír nó san uisce?
Marc	San uisce, ar ndóigh!
Síle	Ar mhaith leat rásáil i mbád nó gan bhád?
Marc	Em, i mbád.
Síle	Ar mhaith leat a bheith i do chaptaen ar bhád?
Marc	Ba bhreá liom.
Síle	Ceart go leor. Tá an toradh agam.
Marc	Bhuel, bhí sin éasca. Cad é?
Síle	Seoltóireacht. Cosúil le Annalise Murphy.
Marc	Bhuel, níl aon fhadhb agam leis sin.

Leathanach 175

Cluastuiscint

Comhrá a hAon

An Chéad Mhír

Mícheál	Haigh Patrice, an bhfaca tú Cluiche Ceannais na hÉireann sa Pheil inné?
Patrice	A Dhia, bhí mé ann! I bPáirc an Chrócaigh! Nach raibh Ros Comáin thar barr?
Mícheál	Bhí, bhí. Bhí a gcuid teaictící an-chliste.
Patrice	Bhí Tiobraid Árann go maith ach ní raibh na teaictící cearta acu.

Leathanach 175

An Dara Mír

Mícheál	Inis dom, cá bhfuair tú na ticéid?
Patrice	Ó mo chol ceathair i Ros Comáin a fuair mé iad.
Mícheál	Bhuel, bhí an t-ádh leat. Conas a bhí an t-atmaisféar?
Patrice	Leictreach a bhí sé. Ní dhéanfaidh mé dearmad ar an lá sin go deo na ndeor.

Leathanach 175

Comhrá a Dó

An Chéad Mhír

Labhaoise Ach, a Liam, cén fáth nach maith leat spórt?

Liam Mar tá sé leadránach.

Labhaoise An fuath leat gach spórt?

Liam Is fuath liom gach spórt. Bhuel, ní miste liom sacar chun a bheith macánta, ach sin é.

Leathanach 175

An Dara Mír

Labhaoise Céard faoi do theaghlach? An maith leo spórt?

Liam Is aoibhinn leo spórt. Bíonn siad ag caint faoi spórt gan stad gan staonadh. Faoin iománaíocht, faoin bpeil, faoin rugbaí, faoin dornálaíocht – ní stopann siad de bheith ag caint faoi!

Script Éisteachta: An Téacsleabhar

Caibidil 7: Sláinte agus Bia

Leathanach 184

Timpiste a Tharla Dom

Ghortaigh mé mo ghlúin inné.

Thosaigh mo ghlúin ag cur fola.

Ghlan an dochtúir an cneá go cúramach.

Chuir an dochtúir ocht ngreim ar an gcneá.

Chuir an dochtúir bindealán nua ar mo ghlúin.

Bainfidh an dochtúir na greamanna amach amárach.

Leathanach 196

Comhrá i mBialann

Cuid 1

Freastalaí	Dia dhaoibh. Fáilte romhaibh isteach i mBialann na Cathrach. Seo an biachlár.
Eilís agus Harry	Go raibh maith agat…
Harry	Mmm. Tá go leor rudaí blasta anseo.
Eilís	Cad a bheidh agat, a Harry?
Harry	Sicín, ceapaim. Anraith agus sicín. Agus tú féin, a Eilís?
Eilís	Ba mhaith liom an t-anraith glasraí agus an stéig, le do thoil.
Freastalaí	Go breá. Agus le hól?
Eilís	Sú oráiste, le do thoil.
Harry	Sú úill, le do thoil.
Freastalaí	Fadhb ar bith. Go raibh maith agaibh.

Leathanach 196

Cuid 2

Harry	Gabh mo leithscéal! Gabh mo leithscéal! Tá an sicín fuar.
Freastalaí	Fuar?
Harry	'Sea, fuar.
Freastalaí	Tá an-bhrón orm. Gheobhaidh mé sicín eile. An-bhrón orm. An-bhrón orm.

Leathanach 196

Cuid 3

Eilís	Gabh mo leithscéal, gabh mo leithscéal! An féidir linn an bille a fháil, le do thoil?
Freastalaí	Cinnte, cinnte. Nóiméad amháin, le bhur dtoil.... Seo dhaoibh.

Yu Ming Is Ainm Dom

Téigh chuig www.educateplus.ie/resources/turas chun féachaint ar an ngearrscannán.

1. SIOPA GRÓSAERA

Tá fear óg, Yu Ming, ag obair in ollmhargadh beag sa tSín. Freastalaíonn sé ar chustaiméirí agus bíonn sé ag stocáil seilfeanna.

Custaiméir sa siopa: 你找错钱了。我给你一张二十块的。(Thug tú an briseadh mícheart dom. Thug mé fiche duit.)

Yu Ming: 真的？好好 (I ndáiríre? Ceart go leor, ceart go leor.)

Nuair a thógann sé sos, tosaíonn an bainisteoir ag tabhairt amach dó.

Bainisteoir an tsiopa: 唉，你干什么啊？回去工作，快点，快点 (Hé, cad atá ar siúl agatsa anseo? Téigh ar ais ag obair! Ar aghaidh leat!)

Is léir gur fuath leis a phost. Léann sé leabhar agus é ag obair ag an scipéad. Ag am dúnta, cuireann sé an siopa faoi ghlas agus téann sé go dtí an leabharlann.

2. LEABHARLANN

Ba mhaith le Yu Ming leabhar a thabhairt ar ais. Níl éinne ag obair ag an deasc. Feiceann Yu Ming cruinneog agus casann sé í. Dúnann sé a shúile agus stopann sé an chruinneog lena mhéar. Leaindeálann a mhéar ar Éirinn. Osclaíonn sé a shúile agus tagann ionadh air.

Leabharlannaí: Ahem!

3. DEASC SA LEABHARLANN

Tá Yu Ming ag déanamh staidéir ar atlas. Scríobhann sé síos nótaí faoi Éirinn.

Daonra:	4 mhilliún
Príomhchathair:	Baile Átha Cliath
Teanga oifigiúil:	Gaeilge

Faigheann sé leabhar Gaeilge ar iasacht ón leabharlann. 'Gaeilge agus Fáilte' is ainm don leabhar. Stampálann an leabharlannaí an dáta ar an leabhar.

4. BIALANN SHÍNEACH

Tosaíonn Yu Ming ag foghlaim Gaeilge agus é a ithe a dhinnéir. Éisteann sé le habairtí agus déanann sé aithris orthu.

Yu Ming: Cad-is-ainm-du-it?
Cad is a-ain-ainm duit?
Yu Ming is ainm dom.

5. SEOMRA FOLCTHA

Tá Yu Ming ar tí é féin a bhearradh. Sula gcuireann sé an rásúr lena aghaidh, féachann sé air féin sa scáthán agus tosaíonn sé ag caint leis féin, dála Robert de Niro.

Yu Ming: An bhfuil tusa ag labhairt liomsa?
An bhfuil tusa ag labhairt liomsa? Hm?
An bhfuil tusa ag labhairt liomsa?
Is mise an t-aon duine anseo!
An bhfuil TUSA ag labhairt LIOMSA?

Tá sé sásta tar éis comhrá Gaeilge a chleachtadh agus tosaíonn sé á bhearradh féin.

6. AERFORT BHAILE ÁTHA CLIATH

Tuirlingíonn an t-eitleán. Feicimid Yu Ming ag siúl sa halla teacht isteach agus a mhála ar a dhroim aige. Leanann sé na comharthaí Gaeilge. Feiceann sé "An Lár" scríofa ar an mbus agus déanann sé meangadh gáire. Léimeann sé ar an mbus agus téann sé isteach sa chathair.

7. BRÚ ISAAC (ISAAC'S HOSTEL)

Téann Yu Ming isteach sa bhrú. Téann sé go dtí an deasc fáilte.

Fáilteoir (Blas na hAstráile air): Alright mate! How was your flight? How – was – your flight – mate?

Yu Ming: Ba mhaith liom leaba anseo.

Fáilteoir: Oi! Enke!

Enke: This stupid machine ate my money again!

Fáilteoir: Yeah yeah, no worries mate. Can you translate what this guy is saying? I don't speak Chinese.

Enke: I am Mongolian!

Fáilteoir: Oh right!

Enke: Maybe he's looking for a bed.

Fáilteoir: A bed! Of course! No worries mate! Welcome to Dublin!

Féachann Yu Ming orthu. Tá mearbhall air.

8. BIALANN SA BHRÚ

Tá Yu Ming ag streachailt le scian agus forc. Níl sé ábalta a chuid bia a ithe leo. Féachann sé ar dhuine eile agus déanann sé aithris uirthi. Faraor, ní éiríonn leis. Tosaíonn sé á n-úsáid cosúil le cipíní itheacháin (*chopsticks*).

9. AN CHANÁIL MHÓR

Tá Yu Ming ag siúl taobh leis an gCanáil Mhór. Suíonn sé síos ar bhinse in aice le dealbh Patrick Kavanagh. Tá díomá air. Labhraíonn sé le Patrick.

Yu Ming: An bhfuil tusa ag labhairt liomsa?

10. TEACH TÁBHAIRNE

Téann Yu Ming isteach i dteach tábhairne. Ba mhaith leis post a fháil. Cuireann sé isteach ar chomhrá na bhfear beáir.

Yu Ming: Tá mé ag lorg obair.

Fear beáir 1: Say again?

Yu Ming: Tá mé ag lorg obair.

Fear beáir 1: Nah, we've no 'Le Grubber'. Eh, bottle of Stella Artois do you instead?

Yu Ming: Tá brón orm nach bhfuil mo Ghaeilge níos fearr.

Tosaíonn custaiméir ag éisteacht leis.

Yu Ming: Tháinig mé go hÉirinn inné.

Fear beáir 1: No, sorry. Don't understand anything you're saying. What – do you – want – to drink? Guinness! Hah? It's good! It's Irish! Heh?

Custaiméir (Paddy): Suigh síos, a mhac… agus ceannóidh mé deoch dhuit. Cad is ainm duit?

Yu Ming: Yu Ming! Yu Ming is ainm dom! Tháinig mé inné ón tSín!

Paddy: Inné? Agus labhraíonn tú Gaeilge?

Yu Ming: D'fhoghlaim mé an teanga mar ba mhaith liom bheith i mo chónaí in Éirinn. Ach, níl mo chuid Gaeilge go maith. Ní thuigeann éinne cad a deirim.

Paddy: Ehhh… Seán, two pints please.

Fear beáir 1: Yeah… yeah…

Yu Ming: Chaith mé sé mhí ag foghlaim Gaeilge. Ach ceapaim gur botún é. B'fhéidir nár smaoineamh maith é.

Paddy: Ach tá an Ghaeilge níos fearr agat ná an chuid is mó daoine sa thír seo.

Yu Ming: Ní thuigim.

Paddy: Labhraítear Béarla anseo.

Yu Ming: Béarla?

Paddy: Béarla. Ó Shasana.

Yu Ming: Ní labhraítear Gaeilge?

Paddy: Ní labhraítear.

Yu Ming: Ach ar gach fógra...

Paddy: Bhuel, tá an teanga ann, ach ní labhraítear í, ach i gcúpla ceantar in Éirinn.

Cuireann an fear beáir dhá phionta Guinness ar an mbeár.

Fear beáir 1: Here, did you know that aul Paddy could speak Chinese?

Fear beáir 2: Tut...

11. CONAMARA

Stopann bus turasóireachta ag teach tábhairne i gConamara. Tagann cúpla turasóir den bhus agus téann siad isteach sa teach tábhairne.

Yu Ming: Fáilte romhaibh go Conamara. Conas atá sibh?

Foireann

Scríbhneoir agus stiúrthóir: Daniel O'Hara

Léiritheoir: Gráinne O'Carroll

Comhléiritheoir: Ingrid Goodwin

Stiúrthóir Ceamara: Fergal O'Hanlon

Eagarthóir: Juniper Calder

Ceol: Donnacha Costello

Fuaim: Fiachra O'Hanlon

Bainisteoir Léirithe: Christine Delany

Foireann Aisteoirí

Yu Ming: Daniel Wu

Paddy: Frank Kelly

Fear beáir 1: Paddy C. Courtney

Fear beáir 2: William Roche

Fáilteoir: Richard Morton

Enke: Enke Javkhlan

Custaiméir: Ariel Hsiung

Leabharlannaí: Jian Hua Ma

Bainisteoir an tSiopa: Howard Pau

Leathanach 201

Cluastuiscint

Fógra

Osclófar bialann nua i lár Cheatharlach amárach. Chun an ócáid a cheiliúradh, beidh gach cúrsa tosaigh agus gach príomhchúrsa ar leathphraghas. Bain triail as ár mbia blasta – go háirithe an mhairteoil áitiúil agus an bradán Atlantach.

Leathanach 201

Píosa Nuachta

Dúnadh trí bhialann an tseachtain seo. Dúnadh na bialanna mar bhí na cuisneoirí agus na reoiteoirí salach agus bhí míoltóga agus damháin alla sna cistineacha.

Caibidil 8: Éire

Leathanach 212

Scéal na hAimsire

Píosa a hAon

Fáilte romhaibh chuig réamhaisnéis na haimsire. Lá geal gaofar atá geallta inniu. Beidh sé fuar agus scamallach ach beidh an ghrian ag taitneamh freisin. Beidh an teocht is airde idir naoi gcéim agus aon chéim déag Celsius.

Leathanach 212

Píosa a Dó

Agus anois an aimsir. Lá fuar fliuch feannaideach atá geallta inniu, amárach, agus arú amárach i mBaile Átha Cliath, i nGaillimh, i gCorcaigh – ar fud na tíre. Beidh an bháisteach ag titim ina tulcaí óna sé a chlog ar maidin go dtí a deich a chlog san oíche. Beidh an teocht is airde idir náid agus dhá chéim Celsius.

Leathanach 224

An Poc ar Buile

Ar mo ghabháil dom siar chun Droichead Uí Mhórdha,
Píce i m' dhóid is mé ag dul i meitheal,
Cé a chasfaí orm i gcumar ceoidh
Ach pocán crón is é ar buile.
Aillliú, puillliú, aillliú, tá an poc ar buile.
Aillliú, puillliú, aillliú, tá an poc ar buile.

Do ritheamar trasna trí rilleogach,
Is do ghluais an comhrac ar fud na moinge,
Is treascairt dá bhfuair sé sna túrtóga,
Chuas ar neoin ar a dhroim le fuinneamh.
Aillliú, puillliú, aillliú, tá an poc ar buile.
Aillliú, puillliú, aillliú, tá an poc ar buile.

Níor fhág sé carraig go raibh scót ann,
Ná gur rith le fórsa chun mé do mhilleadh,
Is ansan do chaith sé an léim ba mhó,
Le fána mhór na Faille Brice.
Aillliú, puillliú, aillliú, tá an poc ar buile.
Aillliú, puillliú, aillliú, tá an poc ar buile.

Bhí garda mór i mBaile an Róistigh,
Is do bhailigh fórsaí chun sinn a chlipeadh,
Do bhuail sé rop dá adhairc sa tóin air,
Is dá bhríste nua do dhein sé giobail.
Aillliliú, puillliliú, aillliliú, tá an poc ar buile.
Aillliliú, puillliliú, aillliliú, tá an poc ar buile.

I nDaingean Uí Chúis le haghaidh an tráthnóna,
Bhí an sagart paróiste amach inár gcoinnibh,
'Sé dúirt gurbh é an diabhal ba dhóigh leis,
A ghabh an treo ar phocán buile!
Aillliliú, puillliliú, aillliliú, tá an poc ar buile.
Aillliliú, puillliliú, aillliliú, tá an poc ar buile.

Script Éisteachta: An Leabhar Gníomhaíochta

Tagraíonn uimhreacha na leathanach don leabhar gníomhaíochta sa script éisteachta seo.

Caibidil 1: Mo Scoil Nua

Leathanach 90

A. Cainteoir

Éist leis an gcainteoir seo agus líon isteach an t-eolas atá á lorg sa ghreille thíos. Cloisfidh tú an taifeadadh faoi dhó.

Dia dhaoibh, a chairde. Siún Ní Mhurchú is ainm dom. Rugadh i nDún na nGall mé.

Freastalaím ar Choláiste an Bhaile Mhóir. Táim sa chéad bhliain. Scoil chailíní is ea an scoil seo. Tá thart ar cheithre chéad scoláire agus seasca múinteoir sa scoil.

Tá go leor áiseanna sa scoil. Is é an halla spóirt an áis is fearr liom.

Leathanach 90

B. Fógra

Éist go cúramach leis an bhfógra agus freagair na ceisteanna a ghabhann leis. Cloisfidh tú an taifeadadh faoi dhó.

Gabhaigí mo leithscéal as cur isteach oraibh ar maidin. Tá fógra amháin agam daoibh. Ba mhaith liom comhghairdeas a dhéanamh le foireann sacair na chéad bhliana. Bhuaigh an fhoireann ar Choláiste Cholmáin, trí chúl in aghaidh a náid. Go raibh míle maith agaibh.

Leathanach 91

C. Píosa Nuachta

Éist go cúramach leis an bpíosa nuachta agus freagair na ceisteanna a ghabhann leis. Cloisfidh tú an taifeadadh faoi dhó.

Osclaíodh scoil nua i gCiarraí inniu. Coláiste Bhréanainn an t-ainm atá uirthi. Tá go leor áiseanna iontacha sa scoil nua. Ina measc, tá trí shaotharlann eolaíochta. Creid é nó ná creid, caitheadh trí mhilliún euro ar na saotharlanna nua.

Leathanach 91

D. Comhrá

Éist go cúramach leis an gcomhrá agus freagair na ceisteanna a ghabhann leis. Cloisfidh tú an taifeadadh faoi dhó.

Príomhoide Cá bhfuil do gheansaí scoile, a Eoin?

Eoin Em, d'fhág mé ar an mbus é.

Príomhoide Agus cén fáth a bhfuil fáinne cluaise i do chluas?

Eoin Ó, tá brón orm. Rinne mé dearmad.

Príomhoide Agus cén fáth a bhfuil bróga spóirt ort?

Eoin Em, em…

Príomhoide Suas go dtí m'oifig leat, a Eoin.

Caibidil 2: Mé Féin, Mo Theaghlach agus Mo Chairde

Leathanach 92

A. Cainteoir

Éist leis an gcainteoir seo agus líon isteach an t-eolas atá á lorg sa ghreille thíos. Cloisfidh tú an taifeadadh faoi dhó.

'Cén scéal, a chairde?' Marcas Mac Matha an t-ainm atá orm. Rugadh i gContae Mhaigh Eo mé ach táim i mo chónaí i nGaillimh.

Tá beirt deartháireacha agus triúr deirfiúracha agam. Tá gruaig dhubh orm agus tá súile donna agam. Táim fuinniúil agus cairdúil.

Leathanach 92

B. Fógra

Éist go cúramach leis an bhfógra agus freagair na ceisteanna a ghabhann leis. Cloisfidh tú an taifeadadh faoi dhó.

Fógra anois ó na Gardaí. Tá na Gardaí sa tóir ar phríosúnach a d'éalaigh as Príosún Chorcaí. Robbie Mac Rob is ainm dó. Tá sé ard agus tanaí. Tá gruaig ghearr dhubh air agus tá súile donna aige. Má fheiceann tú é, cuir glaoch ar (021) 999 2000.

Leathanach 93

C. Píosa Nuachta

Éist go cúramach leis an bpíosa nuachta agus freagair na ceisteanna a ghabhann leis. Cloisfidh tú an taifeadadh faoi dhó.

Tá aisteoirí á lorg le bheith páirteach i scannán nua Gaeilge, a bheas á scannánú i bPort Láirge. Steven Spielberg a bheas á stiúradh.

Tá daoine óga idir dhá bhliain déag agus ceithre bliana déag d'aois á lorg.

Leathanach 93

D. Comhrá

Éist go cúramach leis an gcomhrá agus freagair na ceisteanna a ghabhann leis. Cloisfidh tú an taifeadadh faoi dhó.

Agallóir Cad as duit, a Laura?

Laura Is as Port Láirge mé.

Agallóir Agus cathain a thosaigh tú ag dearadh aipeanna?

Laura Thosaigh mé ag dearadh aipeanna nuair a bhí mé thart ar ocht nó naoi mbliana d'aois.

Agallóir Cad ba mhaith leat a dhéanamh nuair a bheidh tú níos sine?

Laura Ba bhreá liom a bheith i mo chódóir.

Caibidil 3: M'Áit Chónaithe

A. Cainteoir

Éist leis an gcainteoir seo agus líon isteach an t-eolas atá á lorg sa ghreille thíos. Cloisfidh tú an taifeadadh faoi dhó.

Dia bhur mbeatha, a chairde. Is mise Yvonne Nic Eoin. Tá cónaí orm i dteach leathscoite in eastát tithíochta.

Thuas staighre, tá trí sheomra leapa agus seomra folctha. Thíos staighre, tá seomra suí, cistin agus seomra folctha eile.

Is í an chistin an seomra is fearr liom. Is aoibhinn liom a bheith ag cócaireacht.

B. Fógra

Éist go cúramach leis an bhfógra agus freagair na ceisteanna a ghabhann leis. Cloisfidh tú an taifeadadh faoi dhó.

Díoladh Caisleán Crawford ar ceant inné ar thrí mhilliún euro. Bhí an ceant ar siúl i nGaillimh.

Thairg fear saibhir as Meiriceá dhá mhilliún euro ach thairg an t-aisteoir cáiliúil, Nicki Simpson, trí mhilliún euro ar an gcaisleán.

Tá seacht seomra leapa, ceithre sheomra folctha agus cistin ollmhór sa chaisleán.

C. Píosa Nuachta

Éist go cúramach leis an bpíosa nuachta agus freagair na ceisteanna a ghabhann leis. Cloisfidh tú an taifeadadh faoi dhó.

Briseadh isteach i dtrí theach sa Daingean aréir. Goideadh airgead, seodra, teilifíseán, trí phictiúir de chuid Picasso, seit traenach agus carr Mercedes.

Tá Gardaí sa Daingean sa tóir ar cheathrar buirgléirí. Má tá aon eolas agat, cuir glaoch orthu ag (066) 989 720.

Leathanach 95

D. Comhrá

Éist go cúramach leis an gcomhrá agus freagair na ceisteanna a ghabhann leis. Cloisfidh tú an taifeadadh faoi dhó.

Séamus	Heileo?
Ethna	A Shéamuis? Seo Aintín Ethna. Cad é mar atá tú?
Séamus	A Aintín Ethna, cad é mar atá tú? Tá mise go breá, go raibh maith agat. Conas atá an teach nua?
Ethna	Ó, tá sé go hálainn. Teach scoite atá ann. Tá sé suite in aice na farraige. Tá seacht seomra ann. Is aoibhinn liom é.
Séamus	Wow, galánta. Cathain a bheidh tú ar ais i nDún na nGall?
Ethna	Beidh mé ar ais Dé hAoine.
Séamus	Iontach. Ar mhaith leat labhairt le Mam?
Ethna	Ba mhaith, go raibh míle maith agat.
Séamus	Gheobhaidh mé Mam anois. Slán!

Caibidil 4: Mo Cheantar

Leathanach 96

A. Cainteoir

Éist leis an gcainteoir seo agus líon isteach an t-eolas atá á lorg sa ghreille thíos. Cloisfidh tú an taifeadadh faoi dhó.

Dia dhaoibh, is mise Wayne Mac Cathmhaoil. Tá cónaí orm ar imeall Chathair Luimnigh.

Is aoibhinn liom an ceantar. Tá go leor le déanamh anseo. Tá ocht bpáirc imeartha, pictiúrlann, ionad fóillíochta, club óige agus margadh feirmeoirí.

Is minic a théim go dtí an t-ionad fóillíochta. Is aoibhinn liom é.

Taitníonn an margadh feirmeoirí liom freisin. Tá go leor bia folláin ar díol ann.

Leathanach 96

B. Fógra

Éist go cúramach leis an bhfógra agus freagair na ceisteanna a ghabhann leis. Cloisfidh tú an taifeadadh faoi dhó.

Osclófar ionad siopadóireachta nua i bPort Laoise amárach. Beidh fiche siopa ann. Ina measc beidh dhá ollmhargadh, siopa ceoil, trí shiopa éadaí, siopa spóirt agus siopa bronntanas.

Buailigí isteach!

Leathanach 97

C. Píosa Nuachta

Éist go cúramach leis an bpíosa nuachta agus freagair na ceisteanna a ghabhann leis. Cloisfidh tú an taifeadadh faoi dhó.

Tiocfaidh Rás na hÉireann go Sord Cholmcille ag an deireadh seachtaine.

Rothóidh na rothaithe thar Aerfort Bhaile Átha Cliath, casfaidh siad ar chlé ar Bhóthar Bhaile Átha Cliath, agus rothóidh siad ar luas lasrach i dtreo na críochlíne a bheidh ar an tSráid Mhór.

Táthar ag tnúth le slua cúig mhíle duine ar an tSráid Mhór.

D. Comhrá

Éist go cúramach leis an gcomhrá agus freagair na ceisteanna a ghabhann leis. Cloisfidh tú an taifeadadh faoi dhó.

Mícheál	A Órlaith, an mbeidh tú ag teacht chuig paráid na Féile Pádraig amárach?
Órlaith	Beidh, a Mhíchíl. Táim ag tnúth go mór leis an bparáid mhór. Céard fútsa, a Mhíchíl?
Mícheál	Beidh mise ag obair ann. Fuair mé post!
Órlaith	Post? Cén post?
Mícheál	Péintéir aghaidheanna. Beidh mé ag péinteáil aghaidheanna.
Órlaith	Tusa? Ag péinteáil aghaidheanna? Ha! Bhuel, beidh mise do do sheachaint.

Caibidil 5: Caithimh Aimsire

Leathanach 98

A. Cainteoir

Éist leis an gcainteoir seo agus líon isteach an t-eolas atá á lorg sa ghreille thíos. Cloisfidh tú an taifeadadh faoi dhó.

Go mbeannaí Dia dhaoibh. Is mise Póilín Nic Pháidín. Tá go leor caitheamh aimsire agam. Is breá liom ceol agus scannáin. Thar aon rud eile, áfach, is aoibhinn liom a bheith ag códú.

Táim i mo bhall de CoderDojo agus téim go seisiúin ríomhaireachta san ionad pobail áitiúil. Foghlaimím HTML agus CSS sna seisiúin seo. Tá mo shuíomh gréasáin féin agam freisin: www.ceolceolceol.com.

Leathanach 98

B. Fógra

Éist go cúramach leis an bhfógra agus freagair na ceisteanna a ghabhann leis. Cloisfidh tú an taifeadadh faoi dhó.

Beidh ceolchoirm mhór na bliana ar siúl i bPáirc Uí Chaoimh i mí Lúnasa. Beidh Rihanna agus Calvin Harris ag seinm ann.

Tá €50 ar thicéid agus tá siad ar fáil ar líne ag www.ticeid.ie. Ná caill é!

Leathanach 99

C. Píosa Nuachta

Éist go cúramach leis an bpíosa nuachta agus freagair na ceisteanna a ghabhann leis. Cloisfidh tú an taifeadadh faoi dhó.

Beidh Mel Gibson ag filleadh go Contae na Mí chun scannán aicsin nua a dhéanamh.

Scannánófar na radhairc aicsin i Ráth Chairn agus i mBaile Ghib. Beidh aisteoirí breise á lorg do na radhairc aicsin seo. Tá tuilleadh eolais ar fáil ag www.scannannua.ie.

Leathanach 99

D. Comhrá

Éist go cúramach leis an gcomhrá agus freagair na ceisteanna a ghabhann leis. Cloisfidh tú an taifeadadh faoi dhó.

Deirdre	Oscar! Conas atá tú?
Oscar	A Dheirdre? Táim go maith. Cogar, tá dea-scéal agam duit.
Deirdre	Bhuel, cad é?
Oscar	Ar chuala tú go bhfuil *Frankenstein III* sa phictiúrlann?
Deirdre	*Frankenstein III*? Eh, níor chuala…
Oscar	Bhuel, bhuaigh mé dhá thicéad don première oíche amárach! Ar mhaith leat teacht liom?
Deirdre	Em, em, ní féidir, tá brón orm. Beidh mé ag … ag … ní mo chuid gruaige.
Oscar	Á, ceart go leor. Mór an trua. Slán!
Deirdre	Slán. Brón orm.

Caibidil 6: Spórt

Leathanach 100

A. Cainteoir

Éist leis an gcainteoir seo agus líon isteach an t-eolas atá á lorg sa ghreille thíos. Cloisfidh tú an taifeadadh faoi dhó.

Dia daoibh. Is mise Caolán Ó Faoláin. Tá go leor caitheamh aimsire agam ach is é spórt an caitheamh aimsire is fearr liom.

San fhómhar agus sa gheimhreadh imrím rugbaí. San earrach agus sa samhradh imrím cruicéad agus sacar.

Táim ar fhoireann rugbaí na scoile. Bhuamar dhá chluiche dhéag i mbliana.

Leathanach 100

B. Fógra

Éist go cúramach leis an bhfógra agus freagair na ceisteanna a ghabhann leis. Cloisfidh tú an taifeadadh faoi dhó.

Beidh Cluiche Ceannais Chorn FAI ar siúl i mí na Samhna i Staid Aviva. Beidh Ruagairí na Seamróige ag imirt in aghaidh Fánaithe Bhré.

Tá €20 ar thicéid agus tá siad ar fáil ar líne ag www.cluiche.ie. Scaip an scéal!

Leathanach 101

C. Píosa Nuachta

Éist go cúramach leis an bpíosa nuachta agus freagair na ceisteanna a ghabhann leis. Cloisfidh tú an taifeadadh faoi dhó.

Ba í an t-aisteoir agus réalta theilifíse, Réiltín Nic Ailín, a d'oscail an t-ionad spóirt nua Zón Spóirt go hoifigiúil. Tá Zón Spóirt lonnaithe i lár Bhaile Dhún na nGall.

Tá linn snámha caoga méadar, spórtlann, dhá chúirt chispeile agus ceithre chúirt leadóige san ionad spóirt.

Cosnaíonn ballraíocht bhliantúil cúig chéad euro do dhaoine fásta agus dhá chéad euro do dhaoine óga faoi sé déag.

Leathanach 101

D. Comhrá

Éist go cúramach leis an gcomhrá agus freagair na ceisteanna a ghabhann leis. Cloisfidh tú an taifeadadh faoi dhó.

Múinteoir	A Shinéad, an ndéanfaidh tú gar dom, le do thoil?
Sinéad	Déanfaidh, cinnte.
Múinteoir	An rithfidh tú síos go dtí an seomra trealaimh?
Sinéad	Rithfidh, cinnte.
Múinteoir	Tá mála mór clogad taobh thiar den doras. An dtabharfaidh tú an mála sin amach go dtí an bus scoile?
Sinéad	Tabharfaidh, cinnte.
Múinteoir	Tá trí chamán agus mála beag sliotar ann freisin. An bhfaighidh tú iad freisin?
Sinéad	Gheobhaidh, cinnte.
Múinteoir	Míle buíochas, a Shinéad.

Caibidil 7: Sláinte agus Bia

Leathanach 102

A. Cainteoir

Éist leis an gcainteoir seo agus líon isteach an t-eolas atá á lorg sa ghreille thíos. Cloisfidh tú an taifeadadh faoi dhó.

Dia dhaoibh. Is mise Clár Nic Ruairc. Is dochtúir mé. Is breá liom bia folláin a ithe. Is é iasc an bia is fearr liom.

Tá sé an-tábhachtach bia folláin a ithe. Déan cinnte go n-itheann tú go leor glasraí agus torthaí agus nach n-itheann tú bia gasta go rómhinic!

Leathanach 102

B. Fógra

Éist go cúramach leis an bhfógra agus freagair na ceisteanna a ghabhann leis. Cloisfidh tú an taifeadadh faoi dhó.

Osclófar bialann nua, An Carnabhóir, i lár Bhaile Átha Cliath an tseachtain seo chugainn.

Tá cúigear freastalaithe agus beirt chócairí á lorg. Seol CV chuig pol@feoil.ie.

Leathanach 103

C. Píosa Nuachta

Éist go cúramach leis an bpíosa nuachta agus freagair na ceisteanna a ghabhann leis. Cloisfidh tú an taifeadadh faoi dhó.

Tá na Gardaí sa tóir ar bhean óg darb ainm Diana Prince atá ar iarraidh i gCiarraí le trí lá anuas.

Tá gruaig dhonn uirthi agus tá súile donna aici. Bhí barr dearg, sciorta gorm, buataisí dearga agus dhá bhráisléad mhóra óir á gcaitheamh aici.

Má tá aon eolas agat, cuir glaoch ar Ghardaí Thrá Lí ag (066) 999 073.

Leathanach 103

D. Comhrá

Éist go cúramach leis an gcomhrá agus freagair na ceisteanna a ghabhann leis. Cloisfidh tú an taifeadadh faoi dhó.

Harry	Mm, nach breá an siopa cístí é seo!
Eilís	Is breá, gan dabht.
Harry	Tá cuma an-bhlasta ar na milseoga seo. Tá na toirtíní seacláide agus toirtíní triacla sárbhlasta, nach bhfuil?
Eilís	Tá, cinnte. Tá cuma an-bhlasta ar an traidhfil freisin.
Harry	Bhuel, ceannóidh mise an toirtín triacla. Cad a cheannóidh tusa?
Eilís	Em, ceannóidh mise an traidhfil, ceapaim. Sea, an traidhfil!